미미네 점방으로
놀러 오세요!

사진출처

연합뉴스_ **71p** / 국회 의원 본회의 **95p** / 불량 식품 단속 중인 경찰

 사회 똑똑

미미네 점방으로 놀러 오세요!

ⓒ 서해경 이소영 심윤정, 2020

1판 1쇄 발행 2020년 12월 10일 | **1판 4쇄 발행** 2022년 7월 25일

글 서해경 이소영 | **그림** 심윤정
펴낸이 권준구 | **펴낸곳** (주)지학사
본부장 황홍규 | **편집장** 윤소현 | **편집** 양선화 박보영 김승주
디자인 이혜리 | **제작** 김현정 이진형 강석준 | **마케팅** 송성만 손정빈 윤술옥 이혜인
등록 2010년 1월 29일(제313-2010-24호) | **주소** 서울시 마포구 신촌로6길 5
전화 02.330.5297 | **팩스** 02.3141.4488 | **이메일** arbolbooks@jihak.co.kr
ISBN 979-11-6204-096-6 74300
　　　979-11-85786-09-4 74300(세트)
잘못된 책은 구입하신 곳에서 바꿔 드립니다.

 제조국 대한민국　**사용연령** 8세 이상
KC마크는 이 제품이 공통안전기준에 적합하였음을 의미합니다.

지학사아르볼　아르볼은 '나무'를 뜻하는 스페인어. 어린이들의 마음에
　　　　　　　담긴 씨앗을 알찬 열매로 맺게 하는 나무가 되겠습니다.
홈페이지 www.jihak.co.kr/arb/book | **포스트** post.naver.com/arbolbooks

돌콩 사회 똑똑

생활 속 사회 이야기

미미네 점방으로 놀러 오세요!

글 서해경 이소영　그림 심윤정

지학사아르볼

차례

1화 미미네 점방으로 놀러 오세요! - 도시와 촌락   8
- 도시와 촌락의 다른 점 · 도시와 촌락의 변화   15

2화 헬로, 다문화 가족 친구들! - 다문화 가족   16
- 다문화 가족이란? · 우리나라 다문화 가족 수는?   23

3화 돌아오지 않는 아빠 - 노동권   24
- 노동자의 권리 · 비정규직이란?   31

4화 우리 마을에 쓰레기 매립장을? - 님비 현상   32
- 혐오시설이란? · 님비 현상이란?   39

5화 총각 선생님 장가가는 날 - 전통 혼례   40
- 자연과 함께하는 전래 놀이 · 전통 혼례   47

6화 할아버지의 보물 상자 - 전쟁   48
- 전쟁이란? · 평화를 위한 노력   55

7화 **사두리를 개발하자고? - 지역 개발   56**
• 개발이란? • 지역 개발이란?   *63*

8화 **법대로 하면 좋은 세상이 되나요? - 법   64**
• 법이 필요한 이유 • 법을 만드는 과정   *71*

9화 **여러분의 대표가 되겠습니다! - 민주주의와 선거   72**
• 민주주의란? • 선거란?   *79*

10화 **다시 마을 만들기 - 농촌의 변화   80**
• 촌으로 가는 사람들 • 달라지는 농촌   *87*

11화 사두리의 바른 먹거리 - 로컬 푸드와 불량 식품　**88**
　• 로컬 푸드란?　• 불량 식품이란?　**95**

12화 할아버지 할머니, 깍두기 드세요! - 가족의 변화　**96**
　• 가족의 변화　• 증가하는 노인 문제　**103**

13화 새알심 동동 띄운 동지 팥죽 드세요! - 절기　**104**
　• 절기란?　• 동지 풍속　**111**

14화 달콤한 초콜릿 속에 숨은 씁쓸한 맛 - 세계 빈곤　**112**
　• 밸런타인데이란?　• 제3세계의 아동 노동과 공정 무역　**119**

15화 반갑지 않은 손님 - 황사　**120**
　• 황사는 어디에서 올까?　• 사막에 나무를 심자!　**127**

16화 너랑 나랑 입장을 바꿔 생각해 봐! - 장애인　**128**
　• 장애인　• 장애인 복지　**135**

17화 함께 손잡고 걸어가요 - 대기업　**136**
　• 기업이 하는 일　• 대기업과 골목 상권　**143**

18화 더불어 사는 사회 - 시민 단체   **144**
• 국제기구와 시민 단체 • 다양한 시민 단체   **151**

19화 사두리 시장으로 놀러 오세요! - 시장   **152**
• 시장의 종류 • 전통이 살아 있는 지방의 오일장   **159**

20화 우리 함께 삽시다! - 도시 문제   **160**
• 도시 문제 • 공동체 문화와 도시 문제   **167**

21화 우리 커뮤니티에 놀러 오세요! - 인터넷   **168**
• 인터넷 커뮤니티 • 네티켓   **175**

1화 도시와 촌락

미미네 점방으로
놀러 오세요!

 내 이름은 미미. 어린 시절 미미 인형을 좋아했던 엄마가 지은 이름이다. 엄마는 어렸을 때 미미 인형을 갖는 게 소원이었다고 한다. 길고 풍성한 금빛 머리카락, 잘록한 허리, 긴 다리의 미미 인형. 그렇다고 대한민국에서 태어난, 지극히 대한민국 사람처럼 생긴 딸에게 미미라는 이름을 지어 줄 것까진 없었는데…….

 엄마는 경상도 어느 시골 마을의 점방 집 셋째 딸로 태어났다. 할아버지, 할머니는 엄마가 태어날 때쯤부터 마을의 중심가에서 작은 점방을 시작했다고 한다. 중심가라고 해 봐야 마을 한가운데 커다란 느티나무를 앞에 두고, 할아버지의 점방이 있을 뿐이었지만.

 할아버지네 점방은 요즘으로 치면 대형 쇼핑몰 같은 곳이었다. 없는 물건 빼고는 뭐든지 다 있었다. 점방 한쪽에는 만화책 코너가 있어서, 새 책이 나오면 먼저 빌려 가려는 학생들로 북적였다. 인기 드라마라도 하는 날이면 점방은 텔레비전 상영관으로 변신했다. 점방 앞 평상은 막걸리를 마시는 손님이 있으면 순식간에 술집으로, 라면을 먹는 손님이 있으면 분식집으로 변신했다. 할아버지네 점방에서 마을의 모든 소문이 시작되었고, 크고 작은 일들이 결정되었다.

 엄마는 점방 집 셋째 딸로, 다른 친구들보다 일찍 새로운 문화를 맛

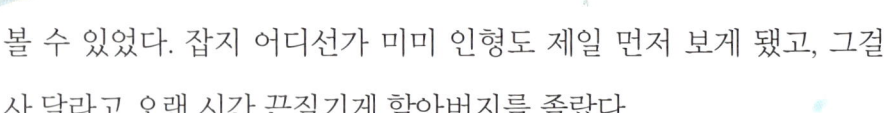

 볼 수 있었다. 잡지 어디선가 미미 인형도 제일 먼저 보게 됐고, 그걸 사 달라고 오랜 시간 끈질기게 할아버지를 졸랐다.
 마침내 엄마가 미미 인형을 손에 넣은 날, 온 동네 아이들이 그 인형을 보러 왔다. 여자아이들은 부러운 눈빛을 감추지 못했고, 어른들도 '거참 이쁘네.' 하며 한마디씩 거들었다.
 엄마는 학교에 갔다 오면 점방 앞 평상에 앉아 보란 듯이 미미 인형을 가지고 놀았다. 비가 오나, 눈이 오나, 바람이 부나 하루도 빼놓는 날이 없었다. 미미 인형을 옆에 놓고 숙제도 하고, 공기놀이도 했다. 그래서인지 어느샌가 할아버지네 점방은 미미네 점방으로 불리게 됐다.

 시간이 흘러 엄마가 고등학교를 졸업하고 도시로 떠날 때도 할아버지는 점방을 운영했다. 점방은 예전 같지 않았다. 도시로 떠나는 사람이 많아지면서 마을에 사는 사람들이 줄었기 때문이다. 점방에 오는 손님도 줄어, 팔리지 않은 오래된 물건들만 먼지를 가득 인 채 남아 있었다. 하지만 다른 점방

들이 슈퍼마켓으로 이름을 바꿀 때에도 할아버지는 '미미네 점방'이라고 쓴 나무 간판을 매일 문 앞에 세워 두었다.

그리고 그 미미네 점방에 진짜 미미, 내가 왔다.

"싫어. 여기서 안 살아. 나도 데리고 가!"

울고불고하는 나를 두고 엄마가 떠나 버렸다. 옷 가방과 5학년 1학기 교과서가 든 책가방 하나만 남겨 놓고.

"미미야, 울지 마라. 쪼매만 있으면 엄마가 데리러 온다고 안 하나."

할머니가 내 머리와 등을 쓸어 주며 계속 달랬지만, 울음은 쉽게 그치지 않았다.

할아버지는 혀를 쯧쯧 차더니 평상 위에 뒹굴고 있는 가방을 챙겨 안으로 들어갔다. 나는 한 시간을 더 울다가 할머니가 끓여 준 라면을 먹고 방에 누웠다.

"훌쩍. 킁."

눈물, 콧물 범벅이 되어 숨쉬기도 힘들었다. 자리에서 일어나 막힌 코를 뚫으려고 벽에 기대앉았다. '팽' 코를 풀고, '흡' 숨을 들이쉬었다.

그리고 옆에 놓인 책가방에 손을 넣어 휴대 전화를 찾았다.

'아, 없지······.'

가방 속에서 휘적거리던 손을 빼냈다. 시골에 내려오기 전에 엄마는 내 휴대 전화를 해지했다. 아빠가 공장에서 정리 해고◆를 당한 뒤부터 포기해야 하는 게 하나씩 늘었다. 처음 몇 달은 큰 변화가 없었다. 아빠

◆ **정리 해고** 기업이 경영 악화를 해결하기 위해 직원을 내보내는 일

가 복직◆하기 위해 시위◆를 한다며 집에 잘 들어오지 않는 걸 빼면.

　아빠가 집에 오지 않는 날이 길어지자 엄마는 마트에서 일을 하기 시작했다. 그리고 2년 전에 장만한 오래된 아파트를 팔고, 방 한 칸짜리 집으로 이사했다. 난 더 이상 친구들을 집에 데려올 수 없었다.

　그다음엔 피아노 학원, 영어 학원을 그만두어야 했다. 옷을 사러 쇼핑몰에 가지 못했고, 외식도 하지 못했다. 혼자 라면을 끓여 먹고, 밤늦게 들어오는 엄마를 기다리다 지쳐 잠들어 버리는 날이 많아졌다.

　얼마 뒤, 엄마는 내 손을 잡고 시골로 가는 버스에 올랐다. 엄마는 나를 시골에 둔 뒤 혼자 서울로 떠나 버렸다.

　다음 날, 코를 찌르는 청국장 냄새에 눈을 떴다. 해마다 가을이면 할머니는 햅쌀 한 가마니와 청국장을 보내 주었다. 햅쌀밥에 청양고추를 톡톡 썰어 넣은 청국장을 먹을 때면 우린 무척 행복했다.

　"미미, 너는 이름하고 안 어울리게 어쩜 그렇게 청국장을 좋아하냐?"

　나를 놀리던 아빠 목소리가 떠올라 왈칵 눈물이 났다.

　"미미야, 인나 봐라. 밥 먹고, 할배랑 동네 구경이나 하고 오니라."

　할머니는 이불을 걷어 내고 헝클어진 내 머리를 쓰다듬었다. 나는 얼른 소매로 눈물을 닦고 일어나 앉았다.

　김이 모락모락 나는 잡곡밥, 산나물무침, 김구이, 달걀프라이. 오랜만에 먹는 따뜻한 밥에 눈물까지 삼켜지는 것 같았다.

◆ **복직** 물러났던 직장에 다시 들어가는 것
◆ **시위** 많은 사람이 모여 자신들의 생각을 알리기 위해 하나된 모습을 나타내는 일

밥을 다 먹고 밖으로 나오자 할아버지는 점방 앞 평상에 앉아 먼 곳을 바라보고 있었다. 멀리 산들과 그 아래로 펼쳐진 들판이 보였다. 서울은 아파트와 높은 건물들, 자동차로 빽빽했는데……. 탁 트인 시골 풍경을 보니 답답했던 가슴이 뻥 뚫리는 것 같았다.

"휴……."

할아버지는 내가 나온 것을 보고 자리에서 일어났다.

"가자."

나는 점퍼에 달린 털모자를 뒤집어쓰고 할아버지 뒤를 따라갔다. 시골의 겨울은 서울보다 훨씬 추웠다. 집들은 대문이 열려 있거나 담이 낮아 마당이 훤히 들여다보였다. 개집 안에서 배를 깔고 누워 있던 개가 밖으로 나와 컹컹 짖기도 했다.

사람이 살지 않는 빈집도 몇 채나 있었다. 그런 집을 지날 땐 나도 모르게 으스스해져서 할아버지 뒤에 바짝 붙어 걸었다.

논둑길을 5분 정도 걷고 나자, 왼편에 2층짜리 건물이 나타났다. 뒤로 낮은 산들이 둘러싸고 있는 작은 학교였다. 방학이라 그런지 학교에는 아무도 없었다.

"여기도 인자 애들이 많이 없다. 다 밖으로 나가 뿌고. 그래도 애들이 착해서 괜찮을 끼다."

나는 운동장 한쪽으로 걸어갔다. 녹슨 그네 위에 쌓인 눈을 털어 내고 앉았다. 한참을 그냥 앉아 있다가 천천히 발을 굴러 보았다. 끼익,

끼익. 그네가 조금씩 높아졌다. 고개를 들자 파란 겨울 하늘이 보였다.

'내가 여기서 잘 지낼 수 있을까?'

내가 물으니 그네가 대답했다.

'하모, 잘 지낼 수 있지.'

☑ 도시와 촌락의 다른 점

아주 먼 옛날부터 사람들은 무리를 지어 살아왔어요. 사람들이 어울려 살아가는 모습에 따라 어떤 곳은 도시라 하고, 어떤 곳은 촌락이라 하지요.

도시는 보통 인구 5만 명이 넘는 곳을 말해요. 높은 건물과 도로, 그 위를 달리는 자동차들이 많지요. 촌락은 시골이라고도 불려요. 건물이나 자동차보다 산과 논, 밭, 바다, 강을 더 많이 볼 수 있답니다.

☑ 도시와 촌락의 변화

도시와 촌락은 사람들이 하는 일도 달라요. 도시 사람들은 물건을 만들거나 건물을 짓는 일, 물건을 파는 일, 음식을 만드는 일 등 다양한 일을 해요. 촌락 사람들은 주로 농사를 짓거나, 가축을 기르고, 물고기 잡는 일 등을 한답니다.

도시에는 일거리가 다양해요. 또 생활에 편리한 시설도 많지요. 영화관, 미술관 같은 곳에서 여가를 즐길 수 있어요. 아플 때는 가까운 병원에 찾아가 쉽게 치료도 받을 수 있지요.

1970년 우리나라 농촌에는 약 1,442만 명이 살았어요. 그런데 2019년에는 약 225만 명으로 84.4퍼센트나 줄었지요. 특히 젊은 사람들이 촌락을 많이 떠났어요. 그렇다 보니 농사를 지을 일손이 부족해요. 게다가 인구가 많은 도시 중심으로 개발이 진행되어, 촌락과 도시의 차이가 점점 벌어지게 됐어요.

하지만 도시 생활이 마냥 좋은 것은 아니에요. 많은 사람이 모여 살기 때문에 도시의 집값은 매우 비싸요. 교통이 복잡하고, 환경이 오염되어 건강을 해치기도 한답니다.

 **2화 다문화 가족**

헬로,
다문화 가족 친구들!

"계속 누워 있으면 굼벵이 된다. 니 오늘부터 영어 배우러 안 가나?"

할머니가 이른 아침부터 성화다. 할머니 집 방바닥은 뜨끈뜨끈하지만 문틈으로 바람이 숭숭 들어온다. 따뜻한 방바닥과 하나가 되어 누워 있을 수밖에 없다. 스마트폰은커녕 컴퓨터도 없으니 만날 이불을 덮고 누워서 텔레비전만 보게 된다. 할머니는 이런 내가 답답해 보였는지 무료 영어 교실에 가서 영어를 배우라고 했다.

할머니 말을 못 들은 척하며, 이불을 부여잡은 손에 힘을 꽉 줬다. 사실, 할머니에게 화가 난 것이 아니라, 설에도 나를 보러 오지 않는 부모님에게 화가 났다. 한 달 넘게 떨어져 있었는데, 부모님은 내가 보고 싶지 않은 걸까? 서럽고 화가 난다. 그래서 괜히 할머니에게 반항하며 화풀이를 하고 있는 거다.

"얼른 인나라. 영어를 잘해야 훌륭한 사람 된단다. 느거 아빠처럼 회사서도 안 짤리고."

할머니가 내 아픈 맘을 콕 찌른다.

'치, 내가 울 줄 알고? 울면 지는 거야. 엄마, 아빠도 없으니까 내가 강해져야 해!'

나는 콧물을 한 번 훌쩍 들이마시고, 후다닥 일어나 마을 회관으로 달려갔다.

마을 회관에 들어서자 '사두리 영어 교실, 2층'이라고 적힌 종이가 붙어 있다. 할머니 말대로 마을 아이들에게 일주일에 두 번, 무료로 영어를 가르쳐 줄 거라고 한다.

시골로 오기 전에는 일주일에 두 번씩 영어 학원에 다녔는데……. 잘 다녀오라고 토닥이던 엄마, 함께 놀던 학원 친구들의 얼굴이 동시에 떠오른다. 얼른 머리를 저어 생각을 떨쳐 내며 강의실을 둘러봤다.

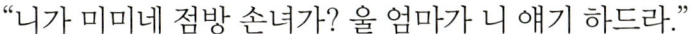

"니가 미미네 점방 손녀가? 울 엄마가 니 얘기 하드라."

빨간 코트를 입은 여자아이가 다가와 말을 건다. 그 아이 머리에 달린 무지무지 큰 빨간 리본 핀이 눈에 들어온다. 윽, 촌스럽다.

"내는 서희다. 우리 할배가 복덕방을 해서, 이 동네 사람들은 내를 복덕방집 손녀라 부른다. 니 내 옆에 앉아라."

까무잡잡한 서희가 내 팔을 잡아당겼다. 엉거주춤 자리에 앉자마자 선생님인 듯한 어른 두 명이 들어왔다.

"헬로! 나이스 투 미츄. 마이 네임 이즈 쥬디스. 아임 프롬 필리핀."

"헬로! 마이 네임 이즈 로즈. 아임 프롬 필리핀, 투."

두 선생님은 처음부터 영어로 말했다. 아이들 몇은 갑작스레 쏟아지는 영어에 당황해했고, 어떤 아이들은 이해했다는 듯 고개를 끄덕였다. 물론 몇 년 동안 영어 학원에 다닌 나는 바로 알아들었다.

"뭐라는 기가?"

서희가 내 팔을 툭 치며 속삭였다.

"저 선생님 이름은 쥬디스고, 그 옆에 선생님은 로즈래. 두 분 다 필리핀 사람이고, 우리를 만나서 반갑다고 했어."

내 목소리가 컸는지 서희뿐만 아니라 다른 아이들까지 "아, 그런 말이구나."라며 고개를 끄덕였다.

"오늘 처음 만났으니까 모두 자기 이름 말해 볼까요? 영어로 '마이 네임 이즈' 한 뒤에 자기 이름 말하면 돼요."

두 선생님은 우리말도 잘했다. 영어로 자기소개 하는 법을 설명하자,

아이들은 서로 먼저 하겠다며 앞다퉈 손을 들었다. 서희까지 소개를 마친 뒤 내가 이름을 말하자 여기저기서 웃음이 터져 나왔다. 미미라는 이름을 말할 때마다 늘 있는 반응이라 이젠 아무렇지도 않다.

소개를 마친 뒤에는 아침, 점심, 저녁, 자기 전에 하는 인사를 배웠다. 그다음엔 자기 나이를 영어로 말했다. 영어 학원에서 자주 하던 거라 쉽긴 했는데, 이곳 아이들도 몇 명은 영어를 잘해서 조금 놀랐다.

40분 동안 영어를 배우고 10분간 쉰 다음, 다시 40분 수업을 마치고 필리핀 전통 놀이를 했다. 외국 놀이라기에 아주 신기한 걸 할 줄 알았는데 이름만 다를 뿐 우리나라 전통 놀이와 매우 비슷했다.

'아롸'라는 필리핀 전통 놀이는 제기차기와 같았고, '피코'는 사방치기랑 똑같았다. 간단한 소개만 듣고 바로 팀을 나누어 놀이를 시작했다. 이긴 팀은 점심시간에 바나나우유를, 진 팀은 흰 우유를 먹는다고 했다. 우리는 '바나나! 바나나!'를 외치며 승리를 다짐했다.

"원, 투, 쓰리~!"

공중에 떠오르는 제기와 그걸 차올리는 발을 번갈아 보며 영어로 숫자를 셌다. 멀리 날아가 버리는 제기를 대신 차고 싶은 마음을 간신히 참으며, 우리는 놀이에 빠져들었다.

피코를 할 때 현진이라는 아이는 땀까지 뻘뻘 흘리며 팔을 뻗었지만, 아무리 해도 돌멩이에 닿지 않았다. 우린 다 함께 진땀을 흘려야 했다. 안나라는 아이가 뒤뚱뒤뚱 한 발로 뛰며 넘어질 듯 말 듯할 때는 시합이란 사실도 잊고 배를 잡고 웃었다.

　열심히 뛰놀다 보니 어느덧 점심시간이 됐다. 부녀회장님이 만든 감자수제비를 먹으며, 아이들은 어느새 가까워진 쥬디스 선생님과 로즈 선생님에게 질문을 쏟아 냈다. 물론 우리말로.

　"선생님들은 왜 한국에 살아요?"

다원이가 물었다.

"한국 남자랑 결혼해서 한국 왔어요."

"선생님네도 다문화 가족인 거죠?"

수빈이가 들릴락 말락 한 작은 목소리로 물었다. 쥬디스 선생님은 수빈이를 바라보더니 미소를 지으며 대답했다.

"맞아요. 다문화 가족이에요."

"그럼 선생님네 아이들은 누구를 닮았어요?"

이번엔 안나가 물었다.

'선생님 아이들이 누구를 닮았는지가 왜 궁금할까?'

안나의 질문이 이상했다. 아이들도 고개를 갸웃하며 안나와 선생님을 번갈아 봤다.

"우리 아이들 나 많이 닮았어요. 그래서 부모님이 모두 한국 사람인 아이들과는 조금 다르게 생겼지요."

"우리 집 아이들도 나를 많이 닮았답니다."

쥬디스 선생님과 로즈 선생님의 대답에 안나와 수빈이의 얼굴이 환해졌다. 두 선생님은 결혼을 하러 우리나라에 왔다고 했다. 함께 공부한 안나 역시 엄마가 러시아 사람이란다. 수빈이는 엄마가 베트남 사람, 종석이는 아빠가 파키스탄 사람이라고 했다.

서울에서 다니던 학교 옆 반에 가나 아이가 있었다. 피부색이 아주 짙고, 머리카락은 할머니의 파마머리보다 더 곱슬곱슬했다. 생각해 보니 난 그 아이의 이름도 모른다. 모두가 '연탄'이라고만 불렀으니까. 웃긴 건, 사실 우리는 진짜 연탄을 본 적도 없다는 거다. 그저 누군가 그 아이를 연탄이라 부르기 시작한 것이 유행처럼 퍼졌을 뿐이다.

전에 있던 학교에는 한 학년에 한두 명뿐이었는데, 이곳 사두리에는 아이들의 절반 정도가 다문화 가족이다. 영어 선생님도 같은 마을에 사는 필리핀 아줌마다.

예전에는 다문화 가족 아이들이 차별이나 따돌림을 당하는 경우가 많아 불쌍하다고만 생각했다. 그런데 사두리 영어 교실에 오니 그렇지만도 않다. 부모님에게 배운 외국어와 한국어에 모두 능숙하고, 나보다 영어를 훨씬 잘하는 아이도 있다. 매콤한 김치전과 떡볶이도 잘 먹고 친구들과도 스스럼없이 잘 어울려, 다른 점을 찾을 수 없을 정도다.

나는 다문화 가족 아이들과 함께 공부를 하고, 필리핀 전통 놀이도 즐기고, 나란히 앉아 감자수제비도 호호 불며 먹었다. 전에 다니던 학교에서 사 총사라 불리며 늘 붙어 다니던 은숙, 지현, 윤희와 함께 놀 때처럼 재밌었다. 그럼 안나, 수빈, 종석이처럼 나랑 조금은 다르게 생긴 아이들은 뭐라고 부르는 게 좋을까? 혼혈아? 다문화 가족 아이? 아니다, 이렇게 불러야지.

'내 친구!'

☑ 다문화 가족이란?

다문화란 한 사회 안에 여러 인종, 민족 등 서로 다른 문화가 함께 존재하는 것을 말해요. 다문화 가족은 다른 국적과 문화를 가진 사람들이 이룬 가족이지요. 예를 들면 한국 여자와 영국 남자, 혹은 일본 남자와 프랑스 여자가 결혼해서 생긴 가족처럼 말이에요.

우리나라 법에서는 다음 중 하나에 해당하면 다문화 가족이라 불러요. 첫째는 결혼 이민자와 대한민국 국민으로 이루어진 가족이에요. 결혼 이민자는 대한민국 국민과 혼인해서 대한민국에 사는 외국인을 말해요. 둘째는 대한민국의 국적법에 따라 귀화◆한 사람과 대한민국 국민으로 이루어진 가족이에요.

☑ 우리나라 다문화 가족 수는?

우리나라 다문화 가족원◆은 2018년을 기준으로 약 101만 명이에요. 1,000명 중 약 19명이 다문화 가족을 이루고 있지요. 2006년 33만 명이었던 데 비해 3배 이상 늘었어요. 2019년 1년 동안 국제결혼을 한 부부는 2만 3,000여 쌍으로, 결혼한 전체 부부 10쌍 중 1쌍이 국제결혼을 한 거예요. 어때요? 다문화 가족이 차지하는 비율이 생각보다 높지 않나요?

◆ **귀화** 다른 나라에 살면서 법적인 자격을 얻어 그 나라의 국민이 되는 일
◆ **가족원** 가족 구성원

 **3화** 노동권

돌아오지 않는 아빠

"미미야, 오늘도 연기 난다."

"어디?"

학교에서 집으로 돌아오는 길이었다. 서희가 손가락으로 점방 쪽을 가리켰다. 방학 동안 마을 회관에서 영어를 배우며 아이들 몇몇과 꽤 친해졌다. 그중에서도 서희랑은 베프처럼 지냈다. 그래서인지 3월이 되어 새 학교에 처음 갔을 때에도 그다지 낯설지 않았다. 전교생이 30명밖에 되지 않아 며칠 만에 이름을 다 익힐 수 있었다. 5학년 우리 반은 남자 셋, 여자 셋이 전부였다.

예전 학교에서는 수업이 끝나면 저마다 학원 차를 타고 헤어져 함께 놀 시간이 없었다. 그런데 여기서는 둘씩 셋씩 짝을 지어 논둑길을 따라 집으로 돌아간다. 가는 길에 괜히 돌멩이를 멀리 던져 보기도 하고,

삐죽삐죽 고개를 내민 쑥을 캐기도 한다.

 쑥을 처음 캐 본다고 하자 서희는 쯧쯧 혀를 찼다. 그러면서 내 손에 든 쑥을 일일이 검사했다.

 "니, 조심해라. 잘못하다 독초까지 캘라."

 "독초라고?"

 독초라는 말에 내가 움찔하자 서희는 배를 잡고 웃어 댔다. 이렇게 장난을 치며 걸어오다, 점방에 도착하면 손을 흔들고 헤어지는 것이 우리 일과였다. 가끔 서희가 점방에서 밥을 먹고 갈 때가 있는데, 오늘처럼 할머니가 뭉게뭉게 연기를 피워 내며 음식을 하는 날이었다.

 할머니는 예전부터 음식을 해서 마을 사람들과 나눠 먹는 걸 좋아했다. 점방 뒤쪽 마당에 큰 무쇠솥을 내어놓고, 솥 가득 국수나 수육을 삶아 사람들에게 나눠 주곤 했다. 할아버지 말로는 요 몇 년 뜸하더니 내가 오고 나서 또 시작이란다.

 서희와 함께 마당으로 들어서자 고소한 김치전 냄새가 풍겼다. 벌써 마을 어른 몇 분이 마루에서 전을 먹고 있었다.

 "얼른 오니라. 묵은 김치로 전 좀 부쳤다."

 나랑 서희는 할머니에게 두툼한 김치전 한 장과 음료수를 받아 들고 방으로 들어갔다. 한참 전을 맛있게 먹고 있는데 밖에서 어른들의 말소리가 들렸다.

 "근데 미미 아빠는 우찌 됐는고? 해고됐다 하드만."

"다시 들어갈라꼬 시위도 하고, 소송도 한다 하대. 그런데 잘 안 되는지 힘든갑드라."

"미미 엄마는 큰 마트에서 일한다 하대."

"그기도 비정규직인가 뭔가로 들어가서 영 어렵단다."

김치전이 목구멍에 걸린 것 같았다. 서희는 젓가락을 내려놓고 등을 두드려 주었다. 그렇게 한참 동안 기침을 하다 보니 눈물이 핑 돌았다.

아빠는 공장에서 일을 했다. 우리나라에서 몇 손가락 안에 드는 큰 공장이라고 했다. 할머니는 사위 잘 얻었다는 칭찬에 신이 나서 3일 동안 마을 잔치를 열었단다. 우리가 시골에 내려올 때면 마당에는 으레 큰 솥이 걸리고 마을 사람들로 북적였다. 그랬는데 아빠가 회사에서 해고를 당한 뒤로는 그럴 일이 없어진 거다.

서울에 살 땐 매일 아침 아빠와 함께 학교 앞까지 걸어갔다. 가는 동안 쉴 새 없이 조잘조잘 이야기를 했다. 친구랑 싸웠던 일, 수업 시간에 있었던 일, 좋아하는 남자 친구 이야기까지……. 아빠는 언제나 내 이야기를 진지하게 들어 주었다.

가끔 내가 아빠를 버스 정류장까지 바래다줄 때도 있었다. 그럴 때면 아빠는 "어쩐지 어젯밤 꿈이 좋더라니!" 하며 껄껄 웃었다.

그런데 어느 날부터인가 아빠는 내가 등교할 때 함께 출근하지 않았다. 아예 회사에 나가지 않는 눈치였다.

"아빠, 오늘 회사 안 가?"

"으응, 좀 긴 휴가를 받았어."

아빠 표정이 갈수록 어두워졌다. 평소와 달리 내 이야기도 건성으로 듣고, 장난도 치지 않았다. 외출했다가 이틀이나 사흘 만에 집에 들어와 저녁밥만 먹은 다음 옷을 갈아입고 나가곤 했다.

엄마와 말다툼을 벌이는 날도 있었다.

"그만둬. 다른 곳에 취직하면 되잖아."

"이 회사에서 10년 넘게 피땀 흘려 일해 왔어. 나가라는 한마디에 그냥 나올 수는 없다고."

아빠는 해고를 당했던 거다. 아빠가 일하는 회사가 어려워지자 하루아침에 공장 노동자 수백 명에게 일을 그만두라고 했단다.

아빠와 다른 아저씨들은 그만두라는 그 말을 그대로 따를 수 없었다. 그래서 공장 앞에서 시위를 했다. 다시 일하게 해 달라고. 그런데 회사에서는 아무런 대답이 없었다. 해고한 사람들의 이야기를 들어 주기는커녕 만나 주지도 않는다고 했다.

아빠가 한 달 가까이 집에 오지 않았을 때, 난 엄마를 조르고 졸라서 아빠를 만나러 갔다. 아빠가 일하는 곳에 간 것은 처음이었다. 하긴, 정확히 말하자면 원래 일하던 곳도 아니었다. 아빠가 시위를 하고 있는 곳은 공장 앞 천막이었다.

못 본 사이에 아빠는 살이 많이 빠져 있었다. 분명 우리 아빠인데도 머리에 두른 붉은 띠 때문에 낯설게 느껴졌다.

"아빠, 집에 언제 와?"

바보같이, 난 그 말만 했다. 아빠는 내 머리를 쓰다듬으며 대답했다.

"곧."

그 뒤로도 아빠는 오랫동안 돌아오지 않았고, 이제 우리 식구는 뿔뿔이 흩어졌다. 아빠는 시위 현장으로, 엄마는 마트 비정규직으로, 나는 이곳 시골 미미네 점방으로.

정규직, 비정규직, 정리 해고…… 이런 건 어른들의 세계에서나 쓰는 어려운 말인 줄 알았다. 하지만 이제 나에겐 익숙하고 슬픈 말이 됐다. 아빠를 집으로 돌아오지 못하게 하고 엄마를 밤늦게까지 보지 못하게 했던 말이니까. 그리고 지금은 우리 가족을 떨어뜨려 놓은 말이니까.

다음 날 아침, 서희가 점방 문 앞에서 큰 소리로 나를 불렀다.

"미미야, 학교 가자!"

나는 퉁퉁 부은 눈을 감추기 위해 옷에 달린 모자를 푹 눌러쓰고 나왔다. 서희는 내 얼굴을 보지도 않고 팔짱을 척 끼더니 말했다.

"미미 니 학교 끝나고 쑥 뜯으러 갈 끼가?"

나는 고개를 끄덕였다.

"근데…… 쑥은 원래 무덤 옆에서 많이 나는데, 니 괜찮겠나?"

서희가 짐짓 겁을 주었다. 나는 잘 떠지지도 않는 눈으로 서희를 흘겨봤다.

"당연하지. 나, 겁 없는 여자야!"

바람이 어제보다 더 포근했다. 오늘 쑥을 캐면 엄마 아빠에게도 보낼 거다. 편지와 함께.

'엄마, 아빠! 나는 잘 지내고 있어. 봄이 오는 것처럼, 우리 가족이 다시 함께 모여 살 날도 곧 오겠지?'

☑ 노동자의 권리

회사가 마음대로 직원을 해고한다면 노동자(직원) 입장에서는 자신의 권리를 지킬 수 없을 거예요. 우리 헌법에서는 노동 삼권을 정해 노동자의 권리를 보장하고 있답니다. 그 내용은 다음과 같아요.

첫째는 단결권으로, 노동자들이 노동조합♦을 만들어 활동할 수 있는 권리예요. 둘째는 단체 교섭권으로, 노동조합의 대표가 회사의 대표를 만나 서로의 요구 사항을 의논할 수 있는 권리지요. 셋째는 단체 행동권으로, 노동조합이 자신들의 요구를 들어 달라고 강하게 주장하기 위해서 단체 행동을 할 수 있는 권리예요.

☑ 비정규직이란?

어른이 되면 대부분 직업을 가져요. 미미네 아빠, 엄마처럼 회사에 취업할 수도 있지요. 그런데 일을 할 때 정규직이냐 비정규직이냐에 따라 몇 가지 차이점이 있어요. 기본적으로 일을 하고 임금♦을 받는 것은 똑같지만, 대개 비정규직은 정규직보다 임금을 적게 받지요. 또한 비정규직은 회사와 계약한 기간 동안만 일할 수 있어요. 회사에서 제공하는 각종 복지 혜택도 받을 수 없지요.

그렇다면 기업이 비정규직을 뽑는 이유는 무엇일까요? 1997년, 우리나라에 경제 위기가 닥치며 기업의 형편이 나빠졌어요. 그러자 기업은 임금 지출을 줄이기 위해 직원을 많이 해고했어요. 그 뒤로는 임금을 상대적으로 적게 줘도 되거나 쉽게 해고할 수 있는 비정규직을 많이 뽑게 되었지요.

기업 현장에서는 비정규직을 뽑는 것이 이익일 수 있어요. 하지만 일하는 사람 입장에서는 정당한 대우를 받지 못해 생활이 불안정할 수 있답니다.

♦ **노동조합** 노동 조건의 개선 및 노동자의 사회적·경제적인 지위 향상을 위해 **노동자가 조직한 단체**
♦ **임금** 근로자가 노동의 대가로 사용자에게 받는 돈

 **4화** 님비 현상

우리 마을에
쓰레기 매립장을?

학교에서 돌아오니 점방 앞 평상에 마을 어른들이 모여 있었다. 평상에 자리가 모자라 서 있는 어른도 많았다. 마을에 무슨 일이 벌어진 걸까?

"사두리에 쓰레기 매립장◆을 만든다니, 넘의 마을 쓰레기를 와 우리 마을에 버린다는 기가?"

"그러게 말이다. 우리 마을이야 청정 마을 아이가? 근데 와 그런 시설을 여기다 짓는다는 기고."

"시골 산다고 우리를 무시하는 기 아이믄 이럴 수가 없는 기라."

마을 어른들 얼굴이 벌겠다. 평상에는 빈 막걸리 몇 병이 널브러져 있었다.

"할머니, 마을에 무슨 일 있어?"

◆ **매립장** 돌이나 흙, 쓰레기 등으로 메워 올리는 우묵한 땅

할머니 팔을 잡으며 슬쩍 물어봤다.

"아이고, 미미 왔나. 말도 마라, 저그 뒷산에다 쓰레기 매립장을 만든다 안 카나."

"누구 마음대로 쓰레기 매립장을 만드노. 아한테 그런 말도 안 되는 소리 하지 마라!"

옆에 서 있던 할아버지가 버럭 소리를 질렀다.

쓰레기 매립장이라고? 생각해 보니 며칠 전부터 마을 회관에 〈쓰레기 매립장 건설에 대한 주민 공청회◆〉라는 안내문이 붙어 있었다. 오늘이 공청회가 열린 날인가 보다.

할아버지와 어른들의 말을 정리해 보니, 사두리 뒷산에 쓰레기 매립장을 만들어 주변 도시에서 나온 쓰레기를 묻을 거라고 한다. 그 대신 사두리에는 찜질방이 딸린 목욕탕과 운동 기구가 있는 공원, 읍내까지 나가는 버스를 만들어 준다고 했단다.

"우리를 뭘로 보고 그따위 걸로 꾀어낼라 카나!"

마을 어른들이 뿔뿔이 흩어진 뒤에도 할아버지는 화가 안 풀렸는지 씩씩거렸다. 난 목욕탕이 생기는 건 대찬성이다. 할머니 집에서 목욕을 하면 진정한 '닭살'이 뭔지 알게 된다. 창문 틈으로 스며드는 찬바람 때문에 내 보드라운 피부가 오톨도톨해지기 때문이다. 팔다리의 털도 벌떡 선다. 도시 아파트에 살 때에는 머리를 매일 감았는데, 이곳에 온 뒤로는 이삼일에 한 번 감는다. 목욕은 할머니와 읍내까지 나가 대중목

◆ **공청회** 행정 기관에서 일의 관련자에게 의견을 듣는 공개적인 모임

욕탕에서 한다. 그런데 마을에 목욕탕이 생기면…… 정말 좋을 것 같다.

"우리가 언제 목욕탕 만들어 달라 캤나, 공원을 만들어 달라 캤나. 우리 마을에 공원이 와 필요하노? 온 천지가 산이고 들인데."

"운동 기구는 없잖아. 목욕탕도 없고."

"뭐라?"

"아, 아니야, 아무것도."

윽, 할아버지한테는 마을 목욕탕이 생기면 좋겠다는 말을 절대 하지 말아야겠다.

다음 날 학교에 가자 아이들도 쓰레기 매립장에 대해 수군거리고 있었다. 이곳 사두리의 특징은 마을 일에 어른이나 아이 할 것 없이 관심이 많다는 거다. 어른들만 하는 얘기가 따로 있는 것이 아니라, 아이들도 다 함께 고민하고 의논한다. 자기 마을을 굉장히 좋아해서 그런 것 같다.

"내는 반대다."

서희가 딱 잘라 말했다.

"쯧쯧, 이러니까 님비 현상이란 말이 나온 거야."

지운이가 혀를 차며 말했다. 김지운. 애니데이 마트 집 아들이다. 애니데이 마트는 우리 점방과 큰길 하나를 사이에 두고 새로 생긴 가게다. 대기업에서 운영하는 슈퍼마켓 체인점인데, 예전에 내가 살던 서울에도 있었다. 아무튼 김지운이 전학을 오며 남자 셋, 여자 셋이던 우리 반은 남자가 넷으로 늘었다. 그 뒤로 남자애들이 은근히 어깨에 힘을 주고 다닌다. 흥, 유치하긴.

"냄비? 님비? 그게 뭐꼬? 들어 본 것도 같은데……."

상철이가 고개를 갸웃한다.

"뭐긴 뭐꼬? 라면 끓여 먹는 그릇이 냄비지."

서희가 농담을 한다. 아니, 진담인가?

"님비, 님비 현상이라고! 어휴, 너희들 진짜 공부 좀 해라. 님비도 모르냐? 자기 집 뒷마당에 짓는 건 안 된다는 말이잖아."

"뭐가 안 되노?"

안나가 지운이에게 물었다. 그 순간 나는 안나 얼굴이 살짝 붉어지는 모습을 놓치지 않았다. 아직 서희에게 말하지 않았지만, 안나가 지운이를 좋아하는 게 분명하다.

"그, 그건…… 쓰레기 매립장 같은 걸 자기 집 뒷마당에 짓지 말라는 거야."

"기야 당연하지. 집 뒷마당에 어떻게 쓰레기 매립장을 짓나? 마당이 얼마나 크다고."

"뭐? 아이고, 이젠 나도 모르겠다."

상철이 말에 지운이가 과장스럽게 뒤로 넘어가는 시늉을 했다.

"지운이가 얘기한 님비 현상은 자기가 사는 곳에 원자력 발전소, 방사능 폐기물 처리장, 교도소, 화장터처럼 불쾌감을 줄 수 있는 혐오 시

설을 짓지 말라고 하는 것을 뜻해. 쓰레기 매립장 건설에 반대하는 것도 마찬가지고."

어쩔 수 없이 내가 나섰다.

"오~ 역시 미미!"

서희가 나를 향해 엄지손가락을 치켜세웠다.

"하지만 그런 시설들은 사람이 살아가는 데 꼭 필요하잖아. 어딘가에는 지어야 하는 거고. 그런데 모두가 우리 집, 우리 마을에는 안 된다고 하면 어떡해? 그럼 그런 시설은 어디에 짓냐?"

지운이의 말이었다.

"그럼 지운이 니는, 느그 집 뒤에 쓰레기 매립장이 생겨도 괜찮다는 기가?"

서희가 물었다.

"그, 그럼. 우리 마을, 우리나라에 꼭 필요한 시설이라면 지어도 돼. 그게 나라를 사랑하는 애국심이라고!"

"뭐, 전쟁터라도 나가나? 애국심이 우짜고 하게."

지운이 말에 상철이가 황당해했다.

며칠 뒤, 점방 앞에 전세 버스가 도착했다. 마을 어른들이 모여 군청에 간다고 했다. 사두리 뒷산에 쓰레기 매립장 만드는 일에 대해 2차 공청회를 연다는 것이다. 국회 의원이랑 군청장, 여러 마을 이장들이 다 모이고, 마을 어른들도 참석한단다.

마을 어른들이 한두 명씩 점방 앞으로 모였다. 회사에서 해고당한 뒤 시위하던 아빠처럼, 머리와 가슴에는 붉은 띠를 두르고 있었다. 머리띠에는 '매립장 결사반대', 가슴에 두른 띠에는 '사두리 주민 다 죽는다!'고 쓰여 있었다. 인원수를 체크한 뒤 할아버지가 맨 마지막으로 버스에 탔다. 버스는 천천히 점방 앞을 떠났다.

 검은 연기를 내뿜으며 달려가는 버스를 보니 가슴이 쿵쾅거렸다. 혹시 할아버지도 아빠처럼 돌아오지 않는 건 아닐까? 따뜻한 목욕탕은 대환영이지만, 할아버지가 저렇게 반대하니 나도 쓰레기 매립장이 싫어진다. 하지만 한편으로는 지운이 말처럼 마을 주민들이 이기적인 것은 아닐까 생각하게 된다. 이기적◆인 것은 나쁘다고 배웠는데…….

 늦은 밤, 공청회에서 돌아온 할아버지가 할머니와 이야기하는 소리에 잠에서 깼다. 공청회는 결론이 나지 않았다고 한다. 주민 의견을 모으는 데 시간이 오래 걸릴 것이고, 한동안 마을이 시끄러워질 것 같다고도 했다. 사두리에 쓰레기 매립장이 만들어질까? 그러면 마을은 어떻게 변하게 될까? 이런저런 생각에 쉽게 잠이 오지 않았다.

◆ **이기적** 자기 자신의 이익만을 꾀하는 것

미미네 점방 사전

☑ 혐오 시설이란?

원자력 발전소, 방사능 폐기물 처리장, 쓰레기 관련 시설 등은 안전하게 관리하지 않으면 환경을 오염시켜서 주민의 건강을 해칠 수 있어요. 교도소, 화장터 등은 주민들에게 심리적으로 두려움이나 불쾌감을 줄 수 있지요. 이처럼 주거 환경에 해를 입힐 수 있는 시설을 혐오 시설이라고 불러요.

혐오 시설이 생기면 지역의 땅값, 집값이 내려가서 주민들이 경제적인 피해를 입기도 해요.

☑ 님비 현상이란?

1987년, 미국 아이슬립 지역에서 3,000톤◆의 쓰레기가 나왔지만 처리할 곳이 없었어요. 수천 톤에 이르는 쓰레기는 배에 실려 바다 위를 6개월이나 떠돌았지요. 하지만 결국 버릴 곳을 찾지 못하고 아이슬립으로 되돌아왔어요. 바로 이 사건에서 님비라는 말이 나왔답니다.

님비(NIMBY)는 'Not In My Backyard'를 줄인 말이에요. 우리말로 해석하면 '우리 집 뒷마당에는 안 된다.'라는 뜻이지요. 혐오 시설이 꼭 필요한 건 인정하지만, 자기 집 근처나 마을에 지으면 안 된다는 거예요. 님비 현상은 자기 가족과 마을만 소중히 여기는 것으로, 지역 이기주의나 집단 이기주의를 뜻하는 말로 통해요.

◆ **톤** 무게의 단위로, 1톤(t)은 1,000킬로그램(kg)

5화 전통 혼례

총각 선생님
장가가는 날

"생각을 해 봐. 이제 사두리도 개발이 필요하다고. 너희들, 아파트에 살고 싶지 않아? 학교 놀이터도 싹 고치면 좋겠지?"

쓰레기 매립장 건설 찬성파인 지운이가 아침부터 아이들을 모아 놓고 목소리를 높였다. 상철이와 형식이는 오뚝이처럼 고개를 끄덕였다.

"맞다. 미끄럼틀도 낡았고, 철봉도 삐거덕거린다."

어젯밤에 마을 어른 몇 분이 점방으로 찾아왔다. 어른들은 어차피 나라에서 하는 일, 반대하지 말고 보상이나 두둑하게 받자며 할아버지를 설득했다. 할아버지는 몹쓸 놈들이라고 삿대질을 하며 어른들을 쫓아 버렸다. 요즘 할아버지 등이 한 뼘은 더 굽은 것 같다.

"마을이 반으로 찢어져 갖고 서로 싸우고. 이게 뭔 일인가 모르겠다."

할머니가 마늘 껍질을 벗기며 걱정스레 말했다.

지운이를 보니 어제 평상에 쓸쓸하게 홀로 앉아 있던 할아버지 모습이 떠올랐다. 그래서인지 나도 모르게 사나운 목소리로 크게 외쳐 버렸다.

"난 아니야! 개발이 꼭 좋기만 한 거니? 난 아파트에 살 때 옆집, 아랫집에 누가 사는지도 모르고 외롭기만 했어. 너희들, 고작 놀이터 때문에 마을을 팔아 버릴 거야?"

아이들이 깜짝 놀라 눈을 동그랗게 뜨고 나를 쳐다봤다. 김지운은 자기 의견에 반대하는 게 기분 나빴는지 얼굴이 금세 벌게졌다. 그러더니 선생님은 어떻게 생각하는지 물어보자며 손을 번쩍 들었다.

"선생님!"

창밖을 바라보던 선생님이 천천히 고개를 돌렸다. 자리에서 벌떡 일어난 지운이가 흥분한 목소리로 말했다.

"선생님은 쓰레기 매립장 건설에 찬성하시는지 반대하시는지 궁금합니다. 사두리가 발전할 수 있다면 좋은 것 아닌가요?"

선생님이 까치집같이 헝클어진 머리를 손으로 긁적이며 답했다.

"음, 그래. 그렇지. 봄은 참 좋은 계절이야."

선생님은 종종 이렇게 우리들 질문에 엉뚱한 대답을 했다. 그럴 때마다 이런 생각이 들었다.

'노총각 스트레스 때문일까?'

담임 선생님 성함은 노재용, 별명은 노총각이다. 마흔 가까운 나이에도 장가를 못 가서 그렇다. 아이들이 별명을 부르면 기분이 나쁠 법도 한데, 선생님은 '요놈들!' 하며 허허 웃고 만다.

"얘들아, 오늘 날씨도 좋은데 밖에서 수업할까?"

선생님 말씀에 아이들은 두 팔을 번쩍 치켜들며 좋아했다. 상철이는 갓 튀긴 팝콘처럼 제일 먼저 교실 밖으로 뛰쳐나갔다. 나도 서희, 안나와 사이좋게 팔짱을 끼고 교실을 나섰다. 지운이는 선생님이 자기 질문을 무시했다며 입을 툭 내민 채 터덜터덜 발걸음을 옮겼다.

운동장에 봄 햇볕이 따뜻하게 내리쬐고 있었다. 학교 화단도 뒷산도 온통 초록이었다.

"자, 오늘은 전래 놀이를 해 보자. 놀이 이름은 풀 겨루기다."

선생님 말이 끝나자마자 상철이가 손을 들고 말했다.

"누구 풀이 더 질긴지 겨루는 거죠?"

"아니, 오늘은 누가 더 다양한 풀과 꽃을 가져오는지 겨룰 거야. 남자 여자로 팀을 나누어서 해 볼까? 지금부터 30분 뒤에 이 자리에 모이는 거다. 시작!"

우리는 순식간에 사방으로 흩어졌다. 화단으로, 나무 밑 풀밭으로, 학교 정문 앞 들판으로. 선생님이 우리 뒤통수에 대고 소리쳤다.

"단, 식물 이름도 말할 수 있어야 한다!"

나는 참나무 밑 풀밭을 뒤졌다. 이름을 아는 거라곤 토끼풀, 민들레밖에 없었다. 서희랑 안나는 풀 이름, 꽃 이름도 척척 말했다.

"이건 제비꽃."

"저짝은 애기똥풀."

모두 별다를 거 없는 풀인 줄 알았는데 쪼그리고 앉아서 자세히 보니 저마다 생김새가 다르고 빛깔도 달랐다. 남자애들은 어떻게 하고 있나 슬쩍 보니 대충 아무거나 잡아 뽑는 모양새였다.

어느새 30분이 지났는지 선생님이 모이라는 신호를 보냈다. 우리는 꺾어 온 풀과 꽃을 늘어놓았다. 한눈에 봐도 여자애들의 승리였다. 서희와 안나가 조목조목 이름을 대자, 남자애들은 졌다는 듯이 양손을 들어 올렸다.

"풀 겨루기 한 소감을 말해 볼래?"

"학교 주변에 이렇게 다양한 풀과 꽃이 있는 줄 몰랐어요. 이름도 다르고, 모양도 다르고요."

"그래, 우리가 알지 못해도 풀들은 저마다 제자리를 지키며 살아가고 있어. 마을 뒷산에는 또 얼마나 많은 생명이 살고 있겠니?"

'아!'

마을 뒷산에 쓰레기 매립장이 생기면 수많은 꽃과 풀들이 사라질 것이다. 동물들도 살아갈 터전을 잃고 말이다. 그제야 선생님이 왜 질문에 곧바로 대답하지 않고 이 놀이를 하자고 했는지 알 것 같았다.

선생님의 깊은 뜻을 아는지 모르는지, 남자아이들은 이번에는 남자 대 여자로 축구 대결을 하자며 졸라 댔다.

"축구는 점심 먹고 하고. 선생님이 중대 발표를 해야겠다."

선생님은 잠깐 뜸을 들이더니 까치집 머리를 긁적이며 말했다.

"나, 장가간다!"

우리는 잠깐 동안 어리둥절한 얼굴로 선생님을 쳐다봤다.

"네?"

선생님이 손가락으로 브이 자를 만들며 씨익 웃었다.

"꺄!"

우리는 꺾어 온 풀꽃을 공중으로 날렸다.

노총각 선생님의 결혼은 마을의 경사였다. 선생님은 읍내에 있는 결혼식장 대신 학교 운동장에서 전통 혼례를 올린다고 했다. 마을 어른들도 잔치 준비를 돕느라 바빠졌다. 쓰레기 매립장 이야기는 어느새 쏙 사라졌다.

할아버지도 언제 그랬냐는 듯, 목소리를 높이던 어른들과 마주 앉아 막걸리 잔을 기울였다. 선생님이 할아버지를 찾아와 전통 혼례 준비를 도와 달라고 부탁했기 때문이다. 할머니는 혼례 음식 준비를 총지휘하기로 했다.

"영숙네는 전을 맡고, 상철네는 국수를 맡아. 사두리 여인네들 솜씨를 한번 뽐내 보자고."

5월 마지막 주 일요일, 하늘은 맑고 바람은 포근했다. 할아버지는 해가 뜨자마자 한복을 차려입고 학교로 갔다. 나도 고르고 골라 둔 옷을 꺼내 입었다. 내가 결혼하는 것도 아닌데 가슴이 콩콩 뛰었다.

운동장에 하얀 천막이 드리우고, 그 주위로 사람들이 빙 둘러섰다. 사두리 주민이 모두 모인 것 같았다. 천막 가운데의 높은 상에 밤과 대추, 소나무, 대나무 등이 올려졌다. 그리고 상 뒤로는 꽃 그림이 가득 그려진 병풍이 둘러쳐졌다. 전통 혼례를 실제로 보는 건 처음이라 모든 게 신기했다.

"신랑 나오시오."

주례를 맡은 할아버지가 크게 외치자 전통 혼례복을 멋지게 차려입은 선생님, 아니 신랑이 상 앞으로 나왔다. 입이 귀에 걸렸다는 말은 이럴 때 쓰는가 보다. 신랑은 웃음을 감추지 못했다. 곧이어 '신부, 나오시오.' 하는 소리가 들리자 신부가 사뿐사뿐 걸어 나왔다.
 "우리 노총각 선상 좀 보소. 좋아 죽는대이."
 "이보소, 이제 노총각이라 부르면 안 되제."
 모두들 웃음을 터뜨렸다. 우리 반 아이들도 눈을 마주치며 킥킥거렸다. 그동안 꽁꽁 얼어붙었던 사두리에 이제야 봄이 온 것 같았다. 내일도, 모레도 마을 사람들이 오늘처럼 다 함께 웃을 수 있기를.
 선생님, 결혼 축하드려요!

☑ 자연과 함께하는 전래 놀이

전래 놀이는 예로부터 전해 내려오는 놀이를 말해요. 옛날에는 주로 자연에서 구할 수 있는 재료를 이용해 놀았어요. 풀, 나뭇잎, 나뭇가지, 돌멩이 같은 것이 모두 재미있는 놀잇감이었지요. 풀로는 피리를 만들거나 인형을 만들었고요. 나뭇가지를 쌓아 놓고 하나씩 떼어 내는 산가지 놀이도 했어요. 돌멩이를 이용해 비사치기(비석치기), 사방치기 같은 놀이도 했지요. 항상 자연과 함께했던 조상들의 삶이 전래 놀이에 담겨 있는 거예요.

☑ 전통 혼례

옛날에는 혼례를 치르는 과정이 무척 복잡했어요. 두 집안이 혼례를 결정하면 신랑 집에서는 감사의 뜻으로 신붓집에 선물을 보냈지요. 이 선물을 담은 함은 아들을 낳고 화목하게 지내는 사람만이 들고 갈 수 있었어요. 신붓집에 함이 들어오는 날이면 이웃이 함께 모여 잔치를 벌였지요.

혼례를 치르는 날, 신랑은 신붓집에 가서 나무 기러기 한 쌍을 전했어요. 기러기는 짝을 지으면 평생을 함께 살기 때문이래요.

신랑과 신부는 상을 사이에 두고 마주 서서 절을 한 뒤, 술잔을 세 번 주고받았어요. 혼례가 끝나면 손님들에게 술과 국수를 대접하며 잔치를 벌였답니다.

 **6화** 전쟁

할아버지의 보물 상자

"전쟁이야, 전쟁!"

나는 점방 앞 평상에 가방을 던지고 털썩 앉으며 소리쳤다. 6월인데도 한여름처럼 더웠다. 이마에서 땀이 줄줄 흘러내렸다. 할머니가 냉장고에서 아이스크림을 꺼내 들고 나왔다.

"덥제? 이거 무라."

시원한 아이스크림을 한입 베어 물자 땀이 순식간에 싹 날아가는 듯했다.

평소엔 파리가 날리는 점방이지만 여름이면 아이스크림 덕분에 장사가 꽤 되는 편이다. 한낮에는 아이들이 평상 위에 앉아 놀고, 밤이면 마을 어른들이 둘러앉아 아이스크림을 하나씩 먹고 가곤 했다.

할머니는 내 얼굴에 부채를 살랑살랑 부쳐 주며 물었다.

"벌써 얼굴이 타서 꺼멓네. 근데, 전쟁이 났다는 건 무신 말이고?"

나는 막대에 묻은 것까지 알뜰하게 빨아 먹으며 말했다.

"아, 우리 반 말이야. 남자 편이랑 여자 편이 나뉘었어. 오늘 상철이가 서희를 밀쳐서 넘어뜨렸거든. 그래서 서희가 전쟁을 선포했어."

"친구들끼리 싸울 수도 있고 그런 기지. 사과하믄 될 일을 갖고 무신 전쟁이라 카노?"

"서희가 좀 놀린 걸 갖고 상철이가 폭력을 쓴 거란 말이야. 어쨌든 이건 전쟁이야. 내일부터 우리도 가만 안 있을 거야."

나는 아이스크림 막대를 뚝 분지르며 비장한 목소리로 말했다.

"시끄럽다. 느거가 전쟁이 뭔지 알기나 하나!"

갑자기 뒤에서 할아버지의 호통이 들려왔다. 할머니와 나는 깜짝 놀라 돌아보았다.

"미미 붙잡고 쓸데없는 소리 말고 얼른 일어나소. 오늘이 무슨 날인가 까묵었소?"

할아버지의 말에 할머니가 허둥지둥 일어섰다.

"아이고, 내 정신 좀 봐라. 미미야, 니도 얼른 숙제 먼저 해 놔라. 저녁에 제사 지내구로."

나는 제사라는 말에 고개를 갸웃거리며 방으로 들어갔다.

날이 어둑어둑해지자 방 안에 작은 제사상이 차려졌다. 생선, 고기, 전, 그리고 나물 세 가지를 올린 간단한 상이었다. 그런데 다른 제사 때

와 달리 사진이 없었다. 사진을 놓는 자리에는 나무로 만든 팽이 하나가 놓여 있었다. 할아버지는 술을 올리고 절을 두 번 하고는 오래도록 눈을 감고 있었다.

나는 할머니에게 입 모양으로 물어보았다.

"할머니, 누구 제사야?"

할머니는 고개를 저으며 말하지 말라는 손짓을 해 보였다. 꿇어앉은 다리가 저려서 손가락에 침을 묻혀 코끝에 발랐다. 발가락을 꼼지락거리며 몸을 비트는데 할아버지가 나를 불렀다.

"미미야, 이리 와 본나. 오늘이 며칠이고?"

"음, 6월 25일."

"그래, 6월 25일. 우리나라에 전쟁이 일어난 날이제?"

"응."

나는 머릿속이 복잡해졌다.

'할아버지랑 6·25가 무슨 상관이지?'

할아버지가 상 위에 있던 팽이를 손에 쥐었다. 팽이는 문구점이나 마트에서 파는 것처럼 보이지 않았다. 손으로 직접 깎아 만든 듯 모양이 거칠었다.

"이 팽이는 할아버지의 큰행님이 만들어 준 기다. 큰행님은 내랑 열 살이 넘게 차이가 나서 꼭 아부지 같았제."

"아, 오늘이 할아버지의 큰형님이 돌아가신 날이야?"

할아버지는 고개를 저었다.

"아이다. 큰행님이 언제 돌아가싰는가는 모른다. 니도 배웠을 기다. 북한하고 남한하고 전쟁을 해 가 사람들이 많이 죽었제. 전쟁이 나던 해에 내는 여섯 살인가 그랬다. 집집마다 남자들이 전쟁터로 끌려갔는데, 우리 큰행님도 그랬제. 아직도 그날이 생생하게 기억난다."

할아버지는 목이 막히는 듯 헛기침을 두어 번 했다.

"이른 아침에 어매가 행님을 붙잡고 한바탕 눈물을 쏟았다. 철없는 나는 행님이 가면 썰매는 누가 만들어 주냐고 떼를 썼제. 행님은 내 머리를 쓰다듬더니 이 팽이를 손에 쥐어 주드라. '급하게 맨들어서 몬나게 됐다. 행님 오믄 다시 예쁘게 다듬어 주마. 겨울 전에 올 테니, 걱정 마라.' 그리 말하믄서."

할아버지는 팽이를 계속 쓰다듬었다. 주름진 얼굴이 웃는 것 같기도, 우는 것 같기도 했다.

"그럼 전쟁터에서 돌아가신 거야?"

나는 조심스럽게 물어보았다.

"전쟁 중에 그랬는가, 그건 모리겠다. 군에서는 행방불명이라 카대. 어디선가 살아 있을 것만 같아서 제사 같은 건 안 지내다가 이제부터는 지내기로 했다. 내가 저승 가면 행님이 제삿밥 한 번 안 줬다고 원망할까 싶어서."

할아버지는 팽이를 작은 상자에 조심스럽게 넣었다. 상자 안에는 돌아가신 증조할아버지와 증조할머니의 사진도 들어 있었다.

할머니는 상을 치우며 한숨 섞인 목소리로 말했다.

"집집마다 그런 사연 하나씩은 다 있을 기다. 우리가 산 시절이 험해서 그렇지. 미미야, 느거는 서로 싸우지 말아라. 알겠제?"

나는 음식을 반찬 통에 옮겨 담으며 고개를 끄덕였다.

그날 밤, 늦도록 잠이 오지 않았다. 옆방에서 할아버지의 코 고는 소리가 들려왔다. 할아버지는 어떤 꿈을 꿀까? 형님이 겨울 지나기 전에 집에 돌아와서 썰매를 만들어 주는 꿈을 꾸면 좋겠다. 형님이 끌어 주는 썰매를 타며 신나게 노는 여섯 살 할아버지를 상상해 보았다.

다음 날 아침, 교실에 들어가자 싸늘한 공기가 흘렀다. 상철이와 서희는 어제의 앙금이 채 풀리지 않았는지 마주 선 채 노려보고 있었다. 안나도 서희 뒤에 서서 팔짱을 끼고 남자아이들을 흘겨보았다. 민호, 형식이, 지운이도 상철이 옆에 우뚝 서서 분위기를 험하게 만들고 있었다. 상철이와 서희 사이에는 청 테이프로 긴 선이 그어져 있었다.

"이 선을 넘지 마라. 넘어오는 순간 전쟁이데이."

서희의 말에 상철이가 콧방귀를 뀌었다. 그러면서 한 발로 청색 테이프 위를 당당하게 밟으며 말했다.

"어, 발이 넘어가 뿠네. 이제 우짤 낀데?"

서희는 얼굴이 벌게져서 상철이 발을 밟으려고 한 발을 치켜들었다. 나는 얼른 둘 사이로 뛰어들어 바닥에 붙은 테이프를 찌익 뜯었다.

"야, 미미. 니 머 하는 기고?"

서희가 못마땅한 듯 외쳤다.

나는 말없이 테이프를 다 뜯어 내며 말했다.

"너희들이 전쟁이 뭔지 알아? 전쟁은 아무리 긴 세월이 지나도 지워지지 않는 상처를 남기는 거야. 우리 할아버지는 전쟁 때문에 사랑하는 형을 잃었어. 우리한텐 입과 손이 있잖아? 서로 대화하고, 손을 맞잡자고!"

내 말을 듣더니 민호가 상철이 어깨를 툭툭 두드렸다.

"그래, 고마해라. 유치하게 이게 머 하는 기고? 나는 책이나 볼란다."

지운이와 안나도 슬그머니 자리로 돌아가 가방 정리를 시작했다. 상철이와 서희도 머쓱해졌는지 자리로 돌아갔다.

나는 테이프를 돌돌 말아 쓰레기통에 던졌다. 상철이는 내 눈치를 살피더니 뒷자리에 앉은 서희에게 속삭였다.

"야, 이따 쉬는 시간에 복도로 나온나."

서희도 작은 목소리로 대답했다.

"좋다, 이번엔 대화로 하는 기다. 알겠제?"

상철이와 서희가 주고받는 말에 우리는 웃음을 터뜨렸다. 앞으로 우리가 맞닥뜨릴 많은 다툼이 이렇게 웃음 한 번에 사라지면 좋겠다.

☑ 전쟁이란?

전쟁은 커다란 두 집단이 군대와 무기를 이용해서 상대방을 정복하려고 싸우는 것을 말해요. 개인끼리의 싸움은 전쟁이라 부르지 않지요. 나라와 나라 사이, 혹은 한 나라 안에서 벌이는 싸움이 전쟁이에요. 그중 한 나라 안에서 일어나는 전쟁을 내전이라 부르기도 해요.

전쟁이 일어나는 이유는 여러 가지가 있어요. 권력이나 영토·자원 등을 차지하기 위해서, 혹은 이념·종교·인종 간의 갈등으로 전쟁을 벌이기도 하지요.

☑ 평화를 위한 노력

전쟁이 일어나면 건물과 도시가 무너지고 자연이 파괴되며 많은 사람들이 다치거나 죽어요. 전쟁의 경제적·사회적 피해는 후손에게까지 이어지지요. 전쟁 중에 핵폭탄이 떨어진 일본에서는 대를 이어 병을 앓는 등 신체적인 고통도 계속되고 있어요.

두 번의 세계 대전을 겪고 난 뒤, 세계의 지도자들은 전쟁을 미리 막는 것이 중요하다는 생각을 하게 됐어요. 그래서 나라 간의 분쟁을 막고 평화를 유지하는 국제 기구를 만들기로 했지요. 이렇게 1945년에 51개 나라가 모여 만든 것이 국제 연합(UN)인데, 현재는 193개 나라가 가입되어 있어요.

국제 연합은 전 세계의 평화를 위해 다양한 활동을 해요. 그중 국제 연합에 소속된 평화 유지군은 분쟁 지역에서 중재◆ 역할을 하고, 전쟁이 일어나지 않도록 감시하고 있어요.

◆ **중재** 분쟁에 끼어들어 쌍방을 화해시킴

 **7화** 지역 개발

사두리를 개발하자고?

"저기, 너희 할아버지 아니야?"

오늘도 점방 앞 평상에는 마을 어른들이 모여 막걸리를 마시고 있었다. 어른들 앞에 서서 뭔가 열심히 설명하고 있는 사람은 서희네 할아버지였다.

"할배!"

서희가 할아버지를 향해 달려갔다. 나도 서희를 따라 달렸다.

"아이고, 우리 아가! 오늘도 핵교에서 공부 열심히 했제? 새신랑 선상님 말씀도 잘 듣고?"

"하모. 내가 누구 손녀딸인데…… 항상 잘하제."

서희가 할아버지의 허리에 매달리며 배시시 웃었다.

"미미 왔나?"

마침 할머니가 막걸리를 들고나왔다.

"응, 할머니. 그런데 할아버지는 어디 갔어?"

평소라면 평상에 나와 마을 사람들과 도란도란 이야기를 나눴을 할아버지가 안 보였다.

"에이고, 철부지 영감. 느그 할배는 부동산 영감 보기 싫다고 방에 들어가서는 코빼기도 안 뵌다."

할머니가 나를 옆으로 이끌며 귓속말을 했다. 이상하다. 우리 할아버지와 부동산 할아버지, 그러니까 서희네 할아버지는 사두리 단짝인데…… 나와 서희처럼 말이다.

"왜? 두 분 싸웠어?"

나도 덩달아 할머니에게 속삭였다.

"사두리를 도시맹키로 개발한다 안 카나. 하기사 애니데이 마트 뒤로는 다 개발하고 있지. 그쪽엔 아파트 단지 짓고 여그는 바닥에 시멘트 쫙 깔아서 상가 건물을 지을 기란다. 부동산 영감이 앞장서고 말이다."

"응? 서희네 할아버지가? 쓰레기 매립장 짓는 건 반대했잖아, 우리 할아버지랑 같이."

나는 할머니와 속삭이는 중이라는 것도 잊고 큰 소리로 말했다. 뒷산에 쓰레기 매립장을 짓는다고 할 때, 우리 할아버지와 더불어 누구보다 강력하게 반대한 사람이 바로 서희네 할아버지다.

"요즘 매일같이 도시 사람들이 부동산에 찾아와서 마을 사람들 좀 설득해 달라고 그런단다. 원래 땅값보다 비싸게 쳐줄 테니 땅을 팔라고."

어느새 할아버지가 밖으로 나와 말을 거들었다.

"할아버지, 괜찮아?"

"내는 끄떡읎다. 에이고, 내가 저 양반 정신 차리게 해 줘야지. 안 그러면 누가 그래 주겄노? 개발이란 게 무조건 논밭 없애고 큰 건물만 짓는 게 아이다. 도시는 도시에 맞게 개발을 하고, 사두리 같은 촌은 촌에 맞게 개발을 해야 하는 기라."

할아버지는 평상 쪽으로 갔다. 여전히 서희 할아버지가 열띤 연설을 하고 있었다. 마치 지난번에 지운이가 친구들에게 쓰레기 매립장을 건설해야 한다고 주장하던 것처럼 말이다.

"어차피 길 건너에는 아파트를 쭈욱 짓고 있다 아이가. 아파트 다 지으면 사두리만 촌구석 되는 기라."

"저도 군청 가서 얼핏 들었는데, 거기 아파트 다 지으면 여기 점방 옆에 있는 버스 정류장도 그쪽으로 옮긴다 하더만요."

서희 할아버지 말에 누군가 맞장구를 쳤다. 그러자 서희 할아버지가 한술 더 떠서 떠들었다.

"버스 정류장뿐인가, 핵교도 그쪽으로 다 이사 가고 여그 핵교는 문 닫을 기라. 사두리는 아예 사람이 살 수 없는 곳이 될 기라니까."

"뭐라꼬? 우리가 요 사두리에 나서 지금꺼정 사는데, 우찌 여가 사람이 못 사는 곳이라?"

할아버지가 호통을 쳤다.

"얼른 가라! 늬 같은 놈이 나라 팔아먹을 놈이다. 다시는 여그에 오지 말그라."

할머니는 할아버지를 끌고 점방 안으로 들어갔다. 평상에 앉아 있던 어른들도 이게 무슨 난리냐며 자리에서 일어났다. 서희도 자기 할아버지 손을 끌고 집으로 향했다. 나와 점방을 노려보며 말이다.

다음 날 아침, 나는 서희를 기다리다가 지각을 하고 말았다. 칠판 앞에서 10분간 벌을 서는데, 서희가 보란 듯이 안나에게 쪽지를 건네며 시시덕거렸다. 배신자. 서희는 자기 할아버지처럼 배신자다. 나는 지각

하든 말든 자기를 기다렸는데 말이다.

"늬들, 사두리가 개발되면 좋겠나, 촌구석으로 남으면 좋겠나?"

서희가 점심시간에 아이들에게 물었다.

'치, 지가 무슨 김지운 쌍둥이인가? 김지운이랑 똑같은 말을 하네.'

나는 서희를 흘겨보았다.

"니가 그런 걸 왜 묻냐? 넌 사두리가 개발되는 건 반대라며?"

지운이가 내가 하고 싶은 말을 대신 해 줘서 속이 다 후련했다.

"내가 언제? 내는 쓰레기 매립장 만드는 것만 반대한 기라, 더럽다 아이가. 하지만 사두리가 좋은 마을로 개발되는 것은 적극 찬성이다. 늬들도 찬성이제? 사두리만 개발을 안 해서 촌구석으로 남는 건 싫제? 아파트 살면 엘리베이터도 만날 탈 수 있고, 겨울에도 따뜻하게 살 수 있다. 부모님도 힘들게 농사 안 지어도 된단다."

"내가 전에도 얘기했지만 아파트에 사는 게 다 좋은 건 아니야."

서희가 자기 할아버지 편을 들어서 개발에 찬성하니까, 나는 우리 할아버지 편을 들어서 개발에 반대해야 할 것 같았다.

"미미 니는 아파트에 사는 것만 개발인 줄 알제? 개발이 뭔지도 모르면서 나서지 마라."

으, 맞다. 사실 나는 개발이 뭔지 모른다. 그래서 서희 말을 반박할 수가 없다. 오늘은 학교가 너무 싫다. 빨리 집에 가고 싶을 뿐이다.

마지막 수업은 미술이었다.

"갑작스럽지만 여러분에게 전할 말이 있다. 이 소식을 전하는 선생님도 마음이 안 좋다. 저기, 형식아, 이리 나와 봐라."

형식이가 고개를 푹 숙이고 앞으로 나갔다. 우리는 어리둥절한 얼굴로 선생님과 형식이를 번갈아 봤다.

"형식이가 전학을 간다. 이 시간이 형식이와 함께하는 마지막 수업이다. 나도 형식이 부모님에게 갑자기 듣게 돼서……."

선생님이 말을 끝맺지 못하고 창밖으로 시선을 돌렸다.

"전학이라고요? 박형식, 이게 무신 말이고? 얼른 말해 봐라."

형식이 단짝 상철이가 벌떡 일어나 소리쳤다. 형식이는 고개를 숙인 채 오른발로 바닥만 툭툭 찼다. 형식이네 부모님이 사두리를 개발한다는 건설 회사에 집과 땅을 팔았단다. 형식이네는 그 돈으로 서울에 있는 아파트를 사서 이사를 간다는 거다.

형식이가 이사 가는 날, 친구들이 모두 형식이네 집 앞에 모였다.

"새집에 가면 내 방에 침대도 있다. 책상, 책꽂이랑 세트야. 최고로 비싼 컴퓨터랑 게임기도 있고."

"박형식 출세했네. 내도 울 아부지 졸라서 서울로 이사 가고 싶다."

상철이가 형식이에게 어깨동무를 하며 웃었다.

"좋은 집에서 살면 뭐 하노? 같이 놀 친구가 없는데……."

갑자기 형식이가 울먹거렸다.

"늬 지금 우나? 나도 너랑 같은 아파트로 갈 테니까 좀만 기다려라,

자슥아."

상철이도 콧물을 훌쩍이며 울었다.

"형식아, 우리 잊지 마. 이건 우리가 널 생각하면서 쓴 편지야."

안나가 친구들을 대표해서 형식이에게 편지를 건넸다. 반 친구들이 형식이에게 쓴 편지였다. 형식이네 가족을 태운 작은 트럭이 먼지를 풀썩이며 달려갔다. 형식이가 창문 밖으로 얼굴을 내밀고 손을 흔들었다. 우리도 트럭을 쫓아가며 손을 흔들었다. 하지만 곧 트럭이 멀어지며 점처럼 작아지더니 길 너머로 사라졌다.

내가 사두리에 온 뒤 동네를 떠난 건 형식이네 가족이 처음이다. 아마 형식이네 뒤를 이어 다른 가족들도 사두리를 떠날 것이다. 서희네도 개발에 찬성하니까 곧 사두리를 떠날 수도 있다.

나는 개발이 좋은 건지, 나쁜 건지 잘 모른다. 자기가 태어난 곳에서 평생 살아야 한다고 생각하지도 않는다. 나 역시 서울에서 이곳 사두리로 왔으니까. 하지만 친한 친구가 떠나고, 이웃이 갈라지고, 가족이 흩어지는 것은 마음 아프다. 개발이 이런 거라면 나는 개발이 싫다. 우리가 지금처럼 다 함께 살고 다 함께 행복해지는 개발은 없는 걸까. 내일 학교에 가면 선생님에게 꼭 물어봐야겠다.

☑ 개발이란?

기술 개발, 자원 개발, 지역 개발 등 우리는 '개발'이란 말을 자주 해요. 땅속의 원유를 개발하면 천연가스와 휘발유를 얻을 수 있지요. 과학 기술을 개발해서 별을 탐사하고, 의료 기술을 개발해서 병을 고칠 수도 있어요. 산업을 개발하면 다양한 직업이 생기고 더 편리한 생활이 가능해져요. 지역 개발은 쓸모없는 땅을 논과 밭으로 만들거나 건물을 짓는 것이에요. 이처럼 개발이란, 무엇인가를 더 쓸모 있게 바꾸는 것을 말해요.

☑ 지역 개발이란?

우리나라는 도시를 중심으로 개발을 진행해 왔어요. 그 결과 도시에 더 많은 일자리가 생기고 사람들이 편리하게 살 수 있게 됐지요. 촌락을 떠나 도시로 이사 가는 사람이 많아지면서 도시의 규모가 점점 더 커졌어요. 도시 주변 지역도 도시와 같은 모습으로 개발되었지요. 개발한 지 오래된 지역을 다시 개발하는 재개발도 이루어지고 있어요.

촌락의 모습을 지키면서 촌락 사람들의 생활을 이롭게 하는 개발도 이루어지고 있어요. 농촌의 경우, 신기술 농사법이나 새로운 품종의 농작물을 개발해서 수확량을 늘리는 것처럼 말이에요. 낡은 집과 기계, 도로, 시설 등을 생활에 편리하게 개발하기도 한답니다.

최근에는 주민 갈등의 원인이 되는 불균형 개발이나 환경 파괴를 일으키는 무분별한 개발에 반대하는 목소리가 높아지고 있어요. 지역 개발의 올바른 방법을 찾기 위해서 충분한 협의가 이루어져야 하겠지요?

법대로 하면 좋은 세상이 되나요?

"머라꼬? 내한테는 담배를 안 판다꼬?"

"그래. 니한테 줄 담배는 한 개도 없다. 저짝 길 건너에 애니데이 마트든지, 썬데이 마트든지 거기나 가 봐라."

"이기 무신 경우고? 손님한테 이래도 되는 기가. 점방에서 물건을 안 팔믄 법에 걸리는 것도 모르나?"

학교에 가려고 나왔더니 점방 앞에서 할아버지와 서희네 할아버지가 말다툼을 하고 있었다. 할아버지가 서희네 할아버지에게 담배를 안 판다고 한 모양이다. 두 분은 사두리 개발 문제로 싸운 이후 계속 사이가 나쁘다. 덩달아 나와 서희도 말을 안 하고 지낸 지 한 달이나 됐다.

"법에 걸린다꼬? 하! 누가 그라노? 내 물건 내 맘대로 하겠다는데, 어디 한번 법대로 해 봐라."

"그래, 어디 해 보자. 법대로!"

할아버지가 점방 문을 쾅 닫고 들어가 버렸다. 서희 할아버지는 손에 들고 있던 부채를 마구 부치며 돌아갔다.

"휴."

땅이 꺼져라 한숨을 쉰다는 말은 이런 때 쓰는가 보다. 나는 고개를 푹 숙이고 걸었다. 사람이 사는 곳에는 언제나 문제가 생긴다. 서울에서는 아빠가 해고를 당해 문제였고, 여기 사두리에서는 개발이 문제다. 사는 건 문제투성이다.

'할아버지가 담배를 안 팔면 정말 법에 걸리는 걸까. 아빠는 회사를 상대로 재판을 한다고 했는데 법이 누구의 편을 들어 줄까? 아빠 편을 들면 다시 회사에 다닐 수 있다는데, 만약 회사 편을 들면……?'

이런 생각을 하다 보니 자꾸만 걸음이 느려졌다. 학교 근처에 다 와서는 아예 풀밭에 주저앉았다. 손바닥으로 풀을 이리저리 헤치니 풀무치가 풀썩풀썩 뛰어나왔다. 그중 한 마리를 잡아 손바닥에 올려 보았다. 풀무치는 다시 풀쩍 뛰어 풀밭으로 내려앉았다.

"아! 오늘 시험 치는 날인데!"

갑자기 정신이 번쩍 났다. 할아버지들 싸움에 정신이 팔려 시험을 잊고 있었다. 가뜩이나 고민거리가 많아서 시험공부도 못 했는데! 나는 두 손으로 가방끈을 꽉 쥐고 잽싸게 달렸다.

'제발, 내가 아는 문제만 나와라!'

이렇게 기도하며 달렸다.

몇 시간 뒤, 시험이 끝났다. 얼른 책을 꺼내 알쏭달쏭한 문제의 답을 찾아봤다.

"시험은 내가 아는 것과 모르는 것을 알기 위한 것이다."

선생님은 이렇게 알 듯 모를 듯한 말을 했지만, 그래도 시험 점수는 중요하다. 점수가 좋지 않으면 전화기 너머로 엄마의 한숨 섞인 잔소리를 잔뜩 들어야 하니까.

'내가 너 하나 바라보고 이렇게 고생하는데, 네가 공부라도 잘해 줘야 힘이 나지 않겠니? 지금 서울 애들은 하루에 몇 시간씩 공부하는 줄 아니? 거기서 다닐 만한 학원이라도 알아보는 게 어떠니?'

엄마의 목소리가 귓가에 맴돌았다.

"사회가 제일 어려웠어. 그치?"

나도 모르게 몸을 돌려 뒷자리에 앉은 서희에게 말을 건넸다.

"맞다. 사회 문제를 보니까 눈앞이 껌껌해지드라."

서희도 이마를 찡그리며 맞장구를 쳤다. 아, 맞다. 근데 우리 서로 말 안 한 지 꽤 됐는데……. 순간, 우리 둘은 머쓱해하며 눈을 피했다. 나는 흠흠 헛기침을 하며 다시 몸을 돌렸다. 뒤통수가 간질간질하다. 서희랑 얘기하면 시험도 엄마의 잔소리도 잊을 수 있을 것 같은데.

수업이 끝나자 서희가 먼저 일어섰다. 그러고 내 옆에서 잠깐 멈칫하더니 재빨리 나가 버렸다. 나는 서희가 교문을 나설 때까지 기다렸다가 밖으로 나왔다. 오늘따라 집으로 가는 길이 더욱 멀게 느껴졌다. 점방에 다다르자 평상에 앉아 있던 할머니가 어서 오라며 손짓했다.

"미미야, 퍼뜩 와 봐라."

할머니 손에는 종이 한 장이 들려 있었다.

"아이고. 니가 좀 읽어 봐라. 도통 무신 소린가 모르것다."

할머니는 과태료 통지서라고 쓰인 종이 한 장을 내밀었다. 나는 종이에 적힌 글을 찬찬히 읽어 나갔다.

"흠……, 할아버지가 금연 구역에서 담배를 피워서 과태료를 내야 한대."

"머라꼬? 버스 정류장에서 담배 한 대 피운 거 가꼬 돈을 내라고? 내가 법이라도 어깄다 말이가!"

할아버지가 버럭 소리를 질렀다.

"할아버지, 그게 법을 어긴 거야. 버스 정류장이나 사람들이 많이 모인 곳에서 담배를 피우면 안 된다는 법이 있잖아."

"내는 몰랐다. 모르고 한 것도 죄가 되나?"

할아버지는 무척 억울해했다.

"당신은 좀 조용히 하소. 미미야, 돈을 얼마나 내라 하노?"

나는 다시 통지서를 들여다봤다.

"10만 원이라고 적혀 있는데……."

"머라꼬? 10만 원? 보소. 내가 담배 좀 끊으라고 귀에 못이 백히도록 말했는데, 꼴좋소. 과태료인지 뭔지는 당신 돈으로 다 내소!"

할머니는 파리채로 평상에 앉은 모기를 탁 내리치고 점방 안으로 들어가 버렸다. 할아버지 어깨가 축 처졌다.

"할아버지, 내가 내일 학교 가서 선생님한테 물어볼게. 몰랐다고 하면 한 번은 봐주지 않을까?"

이렇게 할아버지를 위로할 수밖에 없었다. 그날 저녁 내내 할아버지는 할머니의 잔소리에 한마디 대꾸도 하지 못했다.

다음 날, 평소보다 일찍 학교에 갔다. 다른 생각은 하지 않고 빠른 걸음으로 걸었다. 학교에 도착하니 이마와 등에 땀이 흥건했다.

교무실 문을 열고 선생님을 찾았다. 선생님은 창문 앞 책상에서 두툼한 책을 읽고 있었다. 창문 틈으로 매미 소리가 시끄럽게 들려왔다.

"선생님!"

"어, 미미구나. 오늘 일찍 왔네?"

"이것 좀 봐 주세요."

나는 가쁜 숨을 고르며 가방에서 과태료 통지서를 꺼냈다. 선생님은 통지서를 찬찬히 살폈다.

"할아버지는 피면 안 된다는 걸 전혀 몰랐대요. 모르고 그런 거니까 한 번은 봐주지 않을까요? 아니면 벌금을 좀 깎아 준다거나……."

선생님은 통지서를 다시 봉투에 넣으며 말했다.

"흠, 할아버지 입장에서는 억울하시겠네. 그런데 법을 몰랐다고 해서 용서해 주지는 않는단다. 아마 버스 정류장에 금연 안내판이 있었을 거야. 과태료는 내셔야 한다고 잘 말씀드리렴."

할아버지가 실망할 걸 생각하니 마음이 안 좋았다.

"네. 그런데 이런 법을 다 알고 살아야 한다니, 너무 어려워요."

선생님이 고개를 끄덕였다.

"그렇지? 하지만 다양한 사람들이 어울려 살아가려면 많은 법이 필요해. 다툼이나 갈등이 일어났을 때 해결하는 기준이 되니까 말이다. 사회가 복잡해질수록 법도 점점 복잡해지는구나."

사실 진짜 복잡한 건 내 머리다. 법이 내 머릿속을 싹 정리해 주면 좋겠다. 할아버지와 서희 할아버지의 다툼도, 마을 사람들이 반으로 나뉘어 서로 다투는 것도 해결해 주면 얼마나 좋을까.

선생님은 나를 가만히 바라보더니 빙긋 웃었다.

"미미야, 그렇다고 법이 모든 것을 해결해 주지는 않아. 법 이전에 사람이 있다는 걸 잊지 말아야 해. 사람이라서 좋은 점이 뭔지 아니? 서로의 눈을 보며 대화할 수 있다는 거야. 대화할 마음만 있다면 문제의 반은 풀린 거란다."

선생님에게 꾸벅 인사를 하고 교무실을 나왔다. 교실로 가면서 생각했다. 대화할 마음만 있다면 문제의 반은 풀린 거라니……. 어쩌면 이건 아주 쉬운 문제일지도 모른다.

나는 교실로 뛰어가 창문을 활짝 열고 밖을 내다봤다. 운동장으로 아이들이 하나둘 들어오고 있었다. 머리에 큰 리본을 단 서희도 보였다.

얼른 자리로 돌아가 서희가 교실에 들어오기를 기다렸다.

"서희야, 안녕?"

서희가 교실에 들어오자마자 소리 내어 인사했다. 가슴이 콩닥콩닥 뛰었다.

미미네 점방 사전

✅ 법이 필요한 이유

먼 옛날 고조선에 8조법이 있었어요. 도둑질을 하거나 남을 해치는 사람 등을 처벌한다는 내용의 법이지요. 이처럼 사람들이 모여 사는 곳에는 오래전부터 법이 있었어요. 법이 없다면 제멋대로 행동하는 사람들을 통제할 수 없어 사회가 엉망이 될 거예요.

저마다 다른 생각을 가진 사람들이 조화를 이루어 살기 위해서 모두가 따라야 할 약속을 정하고, 이를 지키지 않을 때 처벌을 받도록 하는 것이 법이에요.

법은 시대에 따라 변화해요. 고조선에는 8개의 법이 있었지만 지금 우리나라에는 훨씬 많은 법이 있지요. 사회가 변화함에 따라 새로운 법을 만들기도 해요. 예를 들어 예전에는 실내에서도 담배를 피울 수 있었지만, 점차 법으로 정한 금연 구역이 확대되었지요. 한편 필요 없는 법을 없애기도 한답니다.

✅ 법을 만드는 과정

정부나 국회 의원 10인 이상이 새로운 법률안◆을 제출해요. 국회 상임 위원회에서는 이 법률안이 꼭 필요한 것인지 검토하지요. 상임 위원회에서 통과된 법률안은 본회의 투표 절차를 거치게 돼요. 이때 국회 의원 절반 이상이 참석하고, 이 중 절반 이상이 찬성하면 법률로 성립되지요. 이를 대통령에게 전달하고 15일 이내에 공포◆하면 법적 효력을 갖게 된답니다.

◆ **법률안** 법률이 될 사항을 정리하여 국회에 제출하는 문서
◆ **공포** 이미 확정된 법률, 조약, 명령 등을 일반 국민에게 널리 알리는 일

9화 **민주주의와 선거**

여러분의 대표가
되겠습니다!

"마, 내가 사두리를 위해 뭔가를 해야 하는데……."

할아버지가 할머니 눈치를 슬쩍 보며 말했다.

"아서요. 늙으면 가만있는 기 돕는 긴데, 무신 이장이 된다꼬."

할머니가 미숫가루에 설탕을 넣고 휘휘 저으며 말했다.

"뭔 소린교? 내 나이믄 여그선 청년이라, 청년."

"쓸데없는 소리 말고 이거나 후룩 마시소. 더위에 힘 빼지 말고."

할머니가 할아버지에게 미숫가루를 건넸다. 얼음을 넣은 유리잔에 물방울이 송골송골 맺혔다.

"더 늙기 전에 우리 사두리를 위해 힘을 보태겠다는 긴데……."

할아버지가 시원한 미숫가루를 한 모금 들이키며 중얼거렸다.

"감나무 집에 새로 이사 온 아재가 이장 할라 카드만."

"사두리 온 지 1년도 안 됐는디 뭘 안다꼬! 미미 니 생각은 어떻노? 할배가 이장에 안 어울리나?"

"아니. 나는 할아버지가 완전 어울리는 것 같아!"

난 할아버지 의견에 대찬성이다. 도시에서 귀농한 감나무 집 아저씨가 조금 멋지긴 하지만, 솔직히 할아버지만큼 사두리를 위해 노력하는 사람도 없다.

쓰레기 매립장 이야기가 나왔을 때도 매주 군청, 도청에 찾아가서 마을 사람들 의견을 전한 사람이 할아버지다. 또 개발이니 뭐니 마을이 들썩일 때 사두리를 위해 나선 사람 역시 할아버지다. 그뿐인가? 미미네 점방을 마을 사람들의 토론장으로, 휴게실로 내놓기도 했다. 우리 할아버지보다 마을을 위하는 사람은 없다. 이건 진짜다!

"그래, 내가 마 사두리를 아주 좋은 마을로 맨들 끼라."

내 응원으로 할아버지 입가에 흐뭇한 미소가 번졌다.

"아이꼬, 뽑아 줄 사람은 생각도 읎는데 김칫국부터 마시믄 우짜노. 김칫국이 깨나 매울 낀데. 쯧쯧!"

할머니는 할아버지와 나를 번갈아 보며 혀를 찼다.

사두리에 불어닥친 선거 바람이 미미네 점방을 강타했다. 할아버지는 이장 선거에, 나는 2학기 학급 회장 선거에 나가기로 한 것이다. 점방의 경쟁 가게인 애니데이 마트의 김지운이 회장 선거에 나온다는데, 내가 어찌 가만있겠는가?

"내가 회장이 되면 준비물을 많이 가지고 와서 다 빌려줄 거야."

쉬는 시간에 김지운이 반 친구들 앞에 서서 말했다.

"진짜가? 그럼 이제부터 우리는 준비물 안 사도 되겠나?"

"그럼! 단, 내가 회장이 되어야지."

치, 김지운은 또 돈으로 아이들의 표를 얻으려고 한다. 소문에는 어제 수업을 마치고 떡볶이도 샀단다. 나만 빼고 말이다. 치사하다.

"내가 회장이 되면 숙제를 없앨 거야. 숙제 없는 반! 어때, 좋지?"

김지운에게 질세라, 나도 친구들에게 회장 공약◆을 말했다.

"흥, 니가 선생님도 아니면서 어떻게 숙제를 없애냐? 지킬 수 없는 공약은 공약이 아니야! 거짓말이지."

김지운이 또 핀잔을 주었다. 그래, 솔직히 내가 생각해도 숙제를 없애는 건 좀 허풍이다. 아, 어쩌지?

"우리나라가 민주주의 국가인 건 다 알지? 모든 국민이 직접 정치를 할 수는 없잖아? 그래서 국민들이 뽑은 대표가 국민을 대신해서 정치를 해. 그걸 조금 어려운 말로 '대의 민주주의' 혹은 '간접 민주주의'라고 하지. 마찬가지로 우리 반도 민주적인 반이기 때문에……."

윽, 잘난 척 대마왕 김지운이 역시나 잘난 척을 했다. 아, 이러다 김지운이 회장이 되어 버리는 건 아닐까? 미미네 점방의 명예를 위해서라도 애니데이 마트의 김지운에게 지면 안 되는데…….

어느덧 회장 선거가 열리는 날 아침이 됐다.

◆ **공약** 정부, 정당, 선거 후보자 등이 어떤 일에 대하여 사람들에게 실행할 것을 약속하는 것

"할아버지! 선거 때 발표할 공약인데, 한번 들어 봐."

나는 학교에 가기 전에 할아버지 앞에서 공약을 줄줄 외웠다.

"평등하고 사이좋은 반을 맹든다꼬? 마, 좋다! 분명 니가 될 끼라."

할아버지가 공약을 듣고 칭찬을 했다. 정말 내가 회장이 될까?

마침 서희가 와서 함께 학교에 갔다. 서희와 나는 누가 먼저랄 것도 없이 다시 뭉쳐 다녔다. 부부 싸움은 칼로 물 베기라더니, 친구 싸움은 칼로 흙 베기다.

아침 조회를 마치고 바로 회장 선거를 했다. 회장 후보를 추천하라는 선생님 말씀에 민호가 김지운을 추천했다. 서희는 나를 추천했고, 나는 서희를 추천했다. 서희는 회장이 되고 싶은 생각이 없다고 했지만 어차피 서희가 나를 뽑아 줄 거니까 예의상 추천한 거다.

후보들은 각자 공약을 발표했다. 역시나 김지운의 공약은 '친구들의 준비물을 대신 가져오겠다'였고, 나는 '평등하고 사이좋은 반을 만들겠다'고 말했다. 서희는 '반 청소를 대신 하겠다'고 했다.

공약 발표가 끝나자 선생님이 투표용지를 나눠 주었다.

"설마 치사하게 자기 이름을 쓰는 사람은 없겠지?"

상철이가 큰 소리로 떠들었다. 윽, 나는 내 이름을 적으려다가 움찔했다. 곧 선생님이 투표용지를 걷어서 한 장씩 읽었다.

"김지운 1표, 윤미미 1표, 장서희 1표, 김지운 1표, 장서희 1표, 장서희 1표. 이렇게 해서 전체 6표 중 3표를 얻은 장서희가 2학기 회장이 되었다. 부회장은 2표를 얻은 김지운이다."

"서희가 회장이라고요?"

김지운이 소리쳤다.

나도 깜짝 놀랐다. 이게 무슨 일인가? 생각도 없다던 서희가 회장이 되다니.

"서희야, 앞으로 나와서 친구들에게 인사해야지. 지운이도 나와라."

선생님이 서희와 김지운에게 말했다. 서희는 쑥스러운 미소를 가득 머금은 채 앞으로 나가 인사를 했다. 김지운은 입이 한 뼘이나 나와서 뾰로통했다.

점심시간에 반 친구들과 얘기를 해 보니 김지운의 2표는 김지운을 추천한 민호와 김지운을 좋아하는 안나의 표였다. 내 1표는 상철이가 적은 거였다.

"지운이는 지금도 잔소리가 많은데 회장 되면 을매나 더 하겠노?"

상철이가 머리를 긁적이며 말했다. 김지운은 상철이에게 그동안 사 준 떡볶이를 물어내라며 난리였다.

서희의 3표는 자기 이름을 적으려다가 상철이 말에 움찔한 나와 김지운이 1표씩 적어서 2표, 그리고 상철이 말에 아랑곳없이 자기 이름을 적은 서희의 1표였다.

"내는 아무도 날 안 뽑을 것 같아서 쓴 기라. 1표도 안 나오믄 부끄럽지 않겠나?"

서희가 민망해하며 웃었다. 그래, 네가 짱이다!

회장 선거는 이렇게 허무하게 끝났다. 비록 내가 회장이 되지는 못했지만, 김지운도 회장이 되지 못했으니 그나마 다행이다. 또 서희는 내 단짝 친구니까!

이제 남은 건 이장 선거. 할아버지라도 꼭 이장이 되면 좋겠다.

"할아버지, 선거에서 이기려면 철저한 준비가 필요해. 내가 할아버지 공약을 도화지에 예쁘게 적을게. 마을 사람들에게 공약을 알려야지."

"머라 적노?"

할아버지는 곰곰이 생각에 잠겼다.

"일단 할아버지를 한마디로 표현할 말을 정하자. 그리고 할아버지 공약을 대표할 문구도 정하고!"

한 번의 실패를 겪은 나는 할아버지에게 선배라도 되는 양 조언했다.

"할애비를 한마디로 설명하는 말이 뭐꼬?"

"음……. 사두리 지킴이! 할아버지는 사두리를 지키는 일에 늘 앞장서니까. 그리고 공약을 대표할 문구는 '행복한 사두리, 사이좋은 사두리' 어때? 음, 아냐 아냐. 더 좋은 말이 있을 텐데……."

"캬~ '행복한 사두리, 사이좋은 사두리'라. 좋다 마, 느낌 팍 온다!"

할아버지가 무릎을 탁! 쳤다.

나와 할아버지는 밤늦도록 머리를 맞대고 이장 선거를 준비했다. 할아버지가 사두리를 대표하는 이장이 되기를!

할아버지, 파이팅!

✅ 민주주의란?

옛날에는 왕과 관리들만 정치에 참여할 수 있었어요. 나머지 사람들은 그들의 결정과 명령에 따라야 했지요. 하지만 지금은 모든 국민이 평등하게 정치에 참여해요. 국민이 국가의 주인이니까요. 이렇게 모든 국민이 나라의 주인으로서 정치에 참여하는 것을 민주주의라고 해요.

민주주의 국가에서는 국민 한 사람 한 사람이 존엄성을 보호받으며 평등하고 자유롭게 살 수 있어야 한답니다.

✅ 선거란?

민주주의 국가에서는 국민이 정치에 참여하게 되어 있어요. 하지만 현실적으로 모든 국민이 정치에 직접 참여하기는 어렵지요. 함께 모여 나랏일을 토론하고 결정하기에는 국민의 수가 너무 많기 때문이에요. 그래서 국민을 대신할 대표자를 뽑아, 그 대표자들이 정치를 하지요.

대표자는 선거를 통해 국민이 직접 뽑아요. 물론 국민 누구나 선거에 나가서 대표자가 될 수 있답니다. 이처럼 나를 대신할 대표를 뽑는 것을 선거라고 해요. 나랏일을 돌보는 대표자를 뽑는 선거 외에도 학급 회장 선거, 학교 회장 선거, 이장 선거 등 그 종류가 다양하지요.

 **농촌의 변화**

다시 마을 만들기

"계십니꺼?"

누군가 점방 문을 여는 소리가 들린다. 끼익, 덜컥.

점방의 오래된 나무 문은 여닫을 때마다 끼익 소리를 내며 멈춰 선다. 그럴 때면 나무 문 중간 부분을 잡고 위로 밀어 올려야 한다. 아주 섬세한 기술이 필요한 것이다.

처음 점방에 살게 되었을 땐 이 나무 문이 싫었다. 활짝 열리지 않는 문이 나를 밀어내는 것 같았다.

"할머니, 이 문 바꾸면 안 돼? 열 때마다 불편하단 말이야."

그 말을 들은 할아버지가 나를 불렀다.

"미미 이리 온나. 여기를 잡고, 이렇게 올리 바라."

할아버지가 가르쳐 준 방법대로 여러 번 하다 보니 어느새 문 여는 기술을 익히게 됐다.

"문짝이든 뭐든 함부로 갖다 버리는 거 아이다. 잘 살피믄 쓰는 법이 보이는 기다."

그러고 보니 점방에 자주 오는 마을 어른들은 나무 문에 대해서 불평하는 일이 없었다. 나는 방 안에서 나무 문 여는 소리를 들으며 혼자 내기를 하기도 했다.

'문 열면 마을 사람, 못 열면 외지◆ 사람.'

귀를 기울이고 있으니 끼익 멈춰 선 문이 다시 덜커덩 열렸다.

'흠, 우리 마을 사람이네. 누구지?'

할아버지가 "사두리 새 이장님 오싰네." 하며 반기는 소리가 들렸다. 나는 벌떡 일어나 점방으로 가서 인사를 했다.

사두리의 새 이장님은 안나네 아빠다. 얼마 전 사두리 이장 선거에서 할아버지는 큰 차이로 떨어졌다. 할아버지는 조금 아쉬운 듯했지만 안나네 아빠의 당선을 진심으로 축하해 주었다.

"고마, 잘됐다. 젊은 사람이 이장을 해야 사두리도 좋아지제. 사람이 생각도 똑바로 백히고 부지런해가 이장도 잘할 끼다."

할아버지는 이장님과 점방 앞 평상에 앉았다. 이장님은 할아버지에게 '마을 만들기'를 하고 싶다고 했다.

"마을 만들기라꼬? 사두리 말고 새로 마을을 만든다는 기가?"

"그기 아이고 사두리를 새롭게 단장하자는 말입니더. 지금 사두리에

◆ **외지** 자기가 사는 곳 밖의 다른 고장

가장 큰 문제는 쓰레기 매립장 아입니꺼?"

"그라제. 쓰레기 매립장이 들어오면 이 깨끗한 마을이 우찌 되겠나?"

"맞습니더. 그런데 우리 마을 사람들 생각만 가지고는 매립장 문제를 해결하지 못합니더. 바깥 사람들한테도 사두리의 깨끗한 자연과 먹거리를 알리야 합니더. 그래야 사두리를 지킬 수 있습니더."

"무슨 좋은 방법이 있나?"

"사람들이 사두리에 찾아오게 해야지예. 와서 사두리 농산물도 사 가고, 음식도 먹고, 여기 자연도 즐기고예. 그라믄 마을 소득도 늘어날 끼고, 땅 팔고 외지로 나가는 사람도 줄어들 거라예."

할아버지는 무릎을 탁 쳤다.

"맞다. 이래 좋은 곳을 와 자꾸 떠나노. 여기서 먹고살 만하믄 안 떠나제. 내가 도울 일이 있으믄 뭐든 말해 봐라."

이장님은 빙그레 웃으며 점방을 쓱 둘러봤다.

"어르신이 점방 문을 열어 놓는 게 돕는 거지예. 미미네 점방은 있는 그대로가 보물입니더. 요새같은 세상에 이런 점방을 어데서 보겠습니꺼? 도시 사람들은 이 점방을 볼라꼬 사두리에 올 겁니더."

이장님이 점방 칭찬을 늘어놓자 할아버지는 어리둥절한 표정이었다.

그 뒤로 다시 점방 평상이 바빠졌다. 할머니의 솥도 바빠졌다. 마을 사람들이 모여서 회의를 할 때마다 할머니는 전도 부치고, 국수도 삶았다. 나는 친구들과 음식을 얻어먹거나 어른들 회의를 구경했다.

"이제는 그냥 농사짓고 시장에 내다 파는 것만으로는 안 됩니더. 사두리 특산물을 개발하고 사람들이 찾아올 수 있는 마을로 가꿉시더. 좋은 의견 있으믄 말들 하이소."

이장님이 말문을 열자 여기저기서 의견이 쏟아졌다.

"사두리 특산물은 산채 나물이제. 저기 산마다 나물이 천지 아이가?"

"그거라면 지금도 캐서 팔고 있다 안 하나."

"그라믄 도시 사람들을 불러다 산채 나물 캐는 체험을 하믄 어떻노? 요새는 농촌으로 체험도 많이 온다 하데. 밥 한 덩이에 된장 싸 가지고 올라가서 산나물에 밥 싸 먹는 재미를 도시 사람들이 알겠나?"

"그거 좋네. 도시 사람들은 유기농, 무농약 이런 먹거리를 찾는다더만, 여기 사두리에서 나는 건 몽땅 친환경 아이가."

"하모. 사두리 농산물이 보약이제. 나물 캐는 김에 저그 학바위랑 약수터도 둘러보고 오면 어떻노? 경치가 끝내준다 아이가."

이장님은 마을 사람들이 하는 말을 노트에 열심히 받아 적었다.

"식당은 어떻습니꺼? 산나물무침이랑 장아찌가 여기서는 흔해도 도시서는 먹기 힘들지예. 그라고 사두리 어머님들 솜씨가 최고 아닙니꺼?"

이장님이 할머니를 쳐다보며 엄지손가락을 치켜들었다. 할머니는 산나물로 만든 노릇노릇한 전 접시를 번쩍 들어 올렸다.

"하모, 걱정 마라. 둘이 먹다가 하나 죽어도 모르게 만들라니께."

그러자 할아버지가 할머니 손에 든 접시를 뺏으며 면박을 주었다.

"요새 당신 음식이 얼매나 짠지 아나? 둘이 먹다 진짜 하나가 죽을 지경이다."

할아버지와 할머니가 투닥거리는 모습에 모두들 배꼽을 잡았다.

"자자, 오늘 나온 의견을 정리해 보겠습니더. 우선 모두들 마을을 새롭게 만드는 것에 동의하셨고예. 마을에 관광객이 찾아올 수 있는 방법으로 여러 가지 의견이 나왔습니더. 산채 나물 체험, 마을 명소 관광, 마을 식당 운영, 나물과 장아찌 판매 등등이고예. 더 좋은 의견 있으믄 언제든 말씀해 주이소."

평상을 떠나는 마을 어른들 얼굴이 달빛을 받아 환했다. 그리고 그 위에 희망이란 빛도 어른거렸다.

다음 날 아침, 학급 회의가 시작되었다. 서희가 교실 앞으로 나가 교탁을 두 번 탕탕 두드렸다. 서희는 회장이 된 뒤로 앞에 서는 일이 많아졌다. 처음엔 얼굴이 빨개져서 말도 더듬거리더니 이제는 제법 회장 티가 났다.

"오늘 주제는 '마을 살리기에 우리의 힘을 보태자'입니다. 마을을 새롭게 단장하는 데 우리도 할 일이 있을 거라고 생각합니다. 자유롭게 의견을 말해 주세요."

지운이가 손을 번쩍 들었다.

"쓰레기를 잘 주우면 좋겠습니다. 마을이 깨끗해야 오는 사람도 기분이 좋을 겁니다."

안나는 지운이 말이 끝나자마자 좋다며 박수를 쳤다. 안나의 마음을 지운이가 알아줘야 할 텐데 말이다.

나도 슬며시 손을 들었다.

"음, 도시 아이들이 오면 우리가 놀이를 가르쳐 주는 게 어떨까? 난 사두리에 와서 처음 해 보는 놀이가 많았어. 풀 겨루기나 쑥 캐는 것도 처음이었고. 그런 놀이를 함께하면 좋겠다는 생각이 들어."

상철이가 두 팔을 번쩍 들면서 외쳤다.

"대찬성이다. 놀면서 하는 건데 얼매나 좋노?"

역시 노는 걸 좋아하는 상철이다.

학교가 끝나면 이장님 댁으로 가서 우리 의견을 전달하기로 했다. 난 사두리가 점점 좋아진다. 쓰레기 매립장, 개발…… 이런 말 때문에 사두리가 달라지는 건 싫다. 원래 모습을 잃지 않으면서 사두리가 발전해 나갔으면 좋겠다.

갑자기 내가 할 일이 하나 떠올랐다. 점방에 찾아오는 도시 사람들에게 나무 문 여는 법을 가르쳐 주는 거다. 문이 섰을 때 어떻게 하면 다시 열 수 있는지, 오래된 문과 친해지는 방법을 알려 주고 싶다.

촌으로 가는 사람들

1970년대 이후 산업화와 도시화가 진행되면서 촌락의 젊은 사람들이 일자리를 찾아 도시로 이주했어요. 그 결과 현재 우리나라 인구 약 5,000만 명 중 절반가량이 서울 및 수도권에 밀집되어 살고 있지요. 나머지 대부분도 지방의 도시에 모여 살아요. 그에 비해 촌락은 인구수가 매우 적은 편이지요.

그런데 요즘 인구가 늘어나는 촌락이 있다고 해요. 복잡한 도시에서 벗어나려는 사람들, 농촌에서 새로운 생활을 시작하려는 사람들이 귀농이나 귀촌을 선택하고 있기 때문이에요. 귀농이란 다른 일을 하던 사람이 그 일을 그만두고 농사를 지으러 농촌으로 가는 것을 말해요. 귀촌은 농사와 상관없이 촌으로 가는 것을 통틀어 이르는 말이지요. 귀농·귀촌 인구는 매년 계속해서 늘고 있답니다.

달라지는 농촌

산업은 생산 활동 방식에 따라 여러 개로 분류할 수 있어요. 1차 산업은 자연에서 생산물을 얻는 활동을 말해요. 2차 산업은 자연에서 얻은 생산물로 다시 상품을 만들어 내는 것을 뜻하지요. 3차 산업은 사람들의 생활을 편리하게 하는 서비스를 제공하는 거예요. 농촌에서는 주로 1차 산업이 이루어진다고 할 수 있겠지요?

최근 귀농·귀촌 인구가 늘면서 농촌도 변하고 있어요. 6차 산업이라고 부르는 새로운 산업 활동으로 농촌이 활기를 띠고 있지요. 6차 산업은 1차, 2차, 3차 산업을 모두 더한 것으로 농업의 종합 산업화를 의미해요. 농촌에서 먹거리를 생산(1차 산업)하고, 다시 그것을 가공해서 판매(2차 산업)해요. 여기에 관광이나 체험 같은 서비스를 제공(3차 산업)하는 것을 통틀어 6차 산업이라고 부른답니다.

11화 로컬 푸드와 불량 식품

사두리의
바른 먹거리

"사두리 점방서만 먹을 수 있는 건강 만점 산나물 비빔밥입니더."

주말마다 점방 앞에 작은 장이 열렸다. 사두리를 홍보하기 위해 지난달부터 장을 연 것이다. 장날이 되면 점방 앞 평상이 산나물 비빔밥 식당으로 변했다.

할머니와 마을 아주머니들이 부엌에서 부지런히 만든 비빔밥이 손님들 상에 올랐다.

'사두리 로컬 푸드'라는 현수막이 달린 천막 아래에서는 부침과 음료, 직접 담근 막걸리를 팔았다. 뒷산에서 캐 온 산나물도 인기였다. 어느새 소문을 듣고 찾아온 인근 도시 사람들로 장터가 북적였다.

"이 고사리는 도시서 파는 거랑 차원이 다르다. 봄에 뒷산에서 꺾어 가 햇볕에 말렸다 아이가. 이 죽순도 대나무 숲에서 직접 꺾은 기라."

"농약을 하나도 안 치고 키운 사과입니더, 한번 먹어 보소. 아이고, 안 사도 되니까 맛이라도 보소."

"로컬 푸드라고 들어 본 적 없나? 사두리는 로컬 푸드 천지다."

농사밖에 모르던 사두리 어른들이 손님을 부르며 나물과 과일을 파는 모습이 재미있게 느껴졌다. 한적하기만 하던 사두리는 이제 주말이면 사람들로 북적였다. 관광객뿐 아니라 장사꾼도 왔다. 처음엔 옷, 신발, 솜사탕, 떡볶이와 순대, 커피와 칡즙 등을 파는 사람이 오더니, 어느 틈에 나물과 과일까지 팔기 시작했다. 문제는 이런 장사꾼들이 파는 먹거리를 믿을 수 없다는 거였다.

"아저씨, 그 참기름 중국산 아니에요?"

등산복 차림의 아주머니 몇 명이 참기름과 깨를 파는 아저씨에게 물었다. 아저씨는 지난 주말부터 사두리 장에 자리를 편 사람이다.

"아이고, 큰일 날 소리. 요즘 원산지를 속이면 벌금이 얼마인데. 이건 내가 직접 깨 농사를 지어서 짠 참기름이에요."

아저씨가 손사래를 치며 말했다. 아주머니들이 여전히 못 미덥다는 눈치를 보이자, 아저씨는 깨 가지를 양손 가득 움켜쥐어 돗자리에 내리쳤다. 마른 깨가 우수수 쏟아져 나왔다.

"요거 봐요. 요 깨를 방앗간에서 쭉~ 짠 게 바로 요 참기름이라니까."

아저씨가 참기름병 뚜껑을 열어 아주머니들에게 들이댔다.

"냄새부터가 싸구려 중국산 참기름이랑은 비교가 안 되잖아요. 얼마나 고소해. 그리고 내가 여기 사두리 사람인데, 우리 마을에 찾아오는 손님들한테 거짓말을 하겠어요?"

"호호호. 아저씨가 여기 주민이라니 믿고 살게요. 3병 주세요."

아주머니들이 참기름을 샀다.

"서희야, 저 아저씨 사두리 사람이야?"

종이컵에 담긴 떡볶이를 입에 넣으며 서희에게 물었다. 닭튀김을 우물거리던 서희가 쓱 보더니 고개를 저었다.

"우리 마을 사람 아이다. 읍내 장에서는 몇 번 봤다."

"그런데 저 아저씨는 손님들한테 자기가 사두리 사람이라고 그러는데?"

"일 났네. 얼른 이장님한테 가자."

서희가 닭튀김을 대충 꿀꺽 삼키며 내 손을 잡아끌었다. 우리 얘길 들은 이장님은 깜짝 놀라 한걸음에 수상한 아저씨를 만나러 달려갔다.

"아재요, 저 좀 잠깐 보입시다."

이장님이 참기름 장수 아저씨를 불렀다. 이장님 뒤로는 우리 할아버지, 서희네 할아버지가 섰다. 할아버지들 뒤로 서희와 나도 얼굴을 빼꼼 내밀었다.

"왜요? 무슨 일인데 이렇게 몰려왔어요?"

"아재가 여그 손님들한테 사두리 사람이라 한다 카던데, 그런 거짓말을 하믄 안 되지요."

"아, 장사를 할라믄 그 정도 거짓말은 할 수도 있는 거지, 뭐 그리 까다롭게 굽니까?"

"그건 그렇다 치고요. 아재가 파는 깨랑 참기름, 진짜 국산 맞는교?"

"이 양반이, 남 장사하는 데 와서 왜 방해하는 거요?"

참기름 아저씨가 소매를 걷으며 자리에서 일어났다. 얼굴이 붉으락푸르락했다.

"봐라, 이거 국산 아이다. 우리가 하루 이틀 농사지었나? 딱 봐도 중국산이다."

할아버지가 깨를 한 줌 쥐어 자세히 보더니 말했다.

"이게 국산이믄 내가 성을 갈아 뿐다."

"이 할배가 지금…… 좋게 말로 할 때 얼른 가요. 괜히 성질 건드리지 말고!"

화가 난 아저씨가 할아버지를 툭 쳤다. 할아버지는 뒤로 한 발짝 밀리며 비틀거렸다.

"어르신!"

"할아버지!"

이장님이 할아버지를 붙잡았다. 나는 참기름 아저씨를 노려봤다.

"이런 고얀…… 그래, 장사를 하든 말든 맘대로 해라. 내는 여그서 원산지를 속여 판다고 신고할 기니까."

서희네 할아버지가 휴대 전화를 꺼냈다. 그러자 참기름 아저씨가 허

리를 굽히며 사정했다.

"아이고, 어르신. 왜 그리 일을 복잡하게 하십니까? 제가 그냥 가면 되지 않겠습니까. 가겠습니다, 가겠습니다."

"당장 가라. 다시는 사두리에 오지 마라. 이 어른헌테 사과도 하고."

서희네 할아버지가 우리 할아버지를 가리키며 호통을 쳤다.

"아휴, 죄송합니다. 제가 성질이 급해서……. 다치신 데는 없습니까?"

아저씨의 갑작스러운 변화에 서희와 나는 어이없다는 듯 웃음만 지었다. 참기름 아저씨가 떠나고 이장님과 우리 할아버지, 서희네 할아버지는 장에서 파는 먹거리들을 살펴보았다. 농약을 치지 않은 안전한 먹거리인지, 원산지를 속이지 않은 정직한 먹거리인지를 말이다.

어느덧 해가 뒷산 능선에 걸렸다. 목청껏 손님을 부르던 장사꾼들도 하나둘 짐을 싸서 떠났다. 할머니는 낮에 산나물 비빔밥을 파느라 피곤했는지 일찍부터 잠이 들었다. 할아버지는 서희네 할아버지, 이장님과 함께 안방에서 누군가를 기다렸고 내가 점방을 봤다.

깜박 잠이 들려는 순간, 누군가 노크를 하더니 문을 열려고 했다. '끼익, 끼익, 끽.' 하고 문을 쉽게 못 여는 걸 보니 외지 사람인 모양이었다.

나는 얼른 슬리퍼를 신고 달려 나가 점방 문을 열었다.

"너 혼자 있니? 이장님이 여기 계시다고 해서 왔는데……."

양복을 입은 아저씨와 인상 좋은 아주머니가 환하게 웃고 있었다. 나는 두 사람을 안방으로 안내했다. 할머니표 식혜와 강정도 접시에 담아 손님들 앞에 내놨다.

이장님이 종이 뭉치를 한 장씩 넘겨 가며 읽더니 말했다.

"계약서 잘 봤습니다. 우리가 생산한 먹거리를 좋은 가격에 사 주셔서 고맙습니데이."

"아휴, 아닙니다."

"우리 사두리에는 바른 먹거리만 있습니더. 먹을 거에 나쁜 짓은 절대 안 하지예. 정직하게 키웠으니 믿고 드시라예."

이장님의 말투에서 사두리 먹거리에 대한 자부심이 느껴졌다. 옆에 있던 나까지 괜히 뿌듯해졌다.

"네. 오늘 장에 와서 보니 더 믿음이 갑니다. 앞으로 우리 학생들이 먹을 신선하고 좋은 먹거리를 부탁드립니다. 자, 이제 사인하시죠."

 이장님은 도시에 있다는 한 학교 급식에 사두리 먹거리를 공급한다는 계약서에 사인을 했다.

 짝짝짝짝! 갑자기 할아버지가 박수를 쳤다. 나도 할아버지를 따라 박수를 쳤다. 그러자 나머지 사람들도 다 같이 웃으며 박수를 쳤다.

 바른 먹거리를 생산해서 공급하는 우리 사두리 사람들. 박수받을 만하다. 짝짝짝!

✅ 로컬 푸드란?

로컬 푸드(local food)는 지역에서 생산해 그 지역에서 소비하는 먹거리를 말해요. 예를 들면 수원시에서 생산해 수원 사람들이 사 먹는 쌀이 바로 로컬 푸드지요. 로컬 푸드를 이용하면 여러 장점이 있어요. 우선 먹거리가 이동하는 거리와 시간이 짧아서 신선해요. 중간 판매자 없이 직거래를 하므로, 생산자는 소득이 늘고 소비자는 저렴하게 구입할 수 있지요. 최근에는 지방 자치 단체에서 로컬 푸드 지원 및 관리를 맡는 일이 많아져 안전성도 보장되고 있어요.

✅ 불량 식품이란?

불량 식품은 바른 먹거리와 반대되는 말이에요. 식품 의약품 안전처에서는 불량 식품을 '식품의 생산·제조·유통·판매 등의 어느 단계에서든 법을 위반한 모든 제품'이라고 정의하지요.

몸에 해로운 물질이 든 식품뿐 아니라 위생 상태가 나쁜 곳에서 만든 식품, 원산지를 속이거나 과장 광고를 한 식품, 유통 기한을 어긴 식품 등이 모두 이에 속해요.

유통 기한, 원산지 등을 거짓으로 표시하여 단속에 걸린 불량 식품들

12화 가족의 변화

할아버지 할머니, 깍두기 드세요!

"으, 추워."

점방 앞을 빗자루로 쓰는데 뺨에 닭살이 돋았다. 공기가 어제보다 훨씬 차가웠다. 점방 앞 은행나무도 노란색 잎을 우수수 떨궜다.

나는 점방 앞에 어지럽게 흩어져 있는 나뭇잎을 쓸어서 대충 한곳에 모아 둔 뒤 방 안 이불 속으로 뛰어 들어갔다. 따뜻한 이불 속이 좋아지는 걸 보니 겨울이 오긴 왔나 보다.

"할머니, 오늘은 무슨 국이야? 청소를 열심히 했더니 배고파."

부엌 쪽에서 모락모락 연기가 피어올랐다. 구수한 된장 냄새로 보아 우거지 된장국이 확실했다. 뜨끈한 된장국에 밥을 말아 먹고 나면 온몸이 따뜻해진다. 겨울철에 아침을 먹기 싫다고 하면 엄마는 늘 똑같은 잔소리를 했는데…….

"춥고 배고픈 것만큼 서러운 게 없어. 뜨거운 국에 밥 한 숟갈이라도 말아 먹고 학교 가."

엄마가 이런 잔소리를 한 이유는, 아마 아침마다 구수한 된장국 냄새를 맡고 자라서인 것 같다.

'엄마는 아침밥 먹었을까? 혼자 있다고 대충 먹고 갔을 거야. 저녁에 전화해서 잔소리 좀 해야지.'

누워서 이런저런 생각을 하는데 할머니가 밥상을 들고 들어왔다.

"미미 니 여즉까지 이불 안 개고 머 하나? 야가 찬바람 분다꼬 게으름 피나? 느그 엄마도 찬바람만 나믄 이불 속에서 꼼지락거리드만."

나는 멋쩍은 웃음을 짓다가 벌떡 일어나 이불을 갰다.

"음, 구수한 냄새."

된장국에 밥을 말아 깍두기를 한 점 올려서 입에 쏙 밀어 넣었다.

"미미 묵는 것 좀 보소. 고마 사두리 사람 다 됐네."

할머니는 주름이 가득한 얼굴에 함박웃음을 띠며 나를 바라봤다.

"부동산 영감은 아침밥 묵었는가 몰겄다. 우거짓국이라믄 자다가도 벌떡 일어날 긴데……."

할아버지가 숟가락으로 국을 뜨며 툭 내뱉듯이 말했다.

"하이고, 그래 싸워 댈 때는 언제고. 이제 맴이 좀 풀리는 갑소. 접때 참기름 장수랑 싸움이 났을 때는 그래도 친구가 좋드만. 부동산 영감이 당신 넘어지는 거 보고 눈에 쌍심지를 키고 덤벼들었다 하대요."

"흠흠, 이 나이에 싸우고 말고 할기 머 있노? 사는 게 다 그런 기지."

할아버지들이 화해하면 좋겠다고 서희랑 늘 얘기하곤 했는데, 이제 두 분 마음이 서서히 풀리려나 보다.

"미미야, 이따 서희 집에 국 좀 갖다주고 온나."

"응, 밥 먹고 서희네 가려고 했어. 오늘 같이 무밭에 갈 거거든."

"무밭에는 와?"

"오늘 학교 행사가 있어. 깍두기 담가서 혼자 사는 어르신들 드린대."

"거, 좋네. 찬 바람 불면 혼자 사는 늙은이들은 더 힘든 기다."

할아버지가 고개를 크게 끄덕였다.

두툼한 점퍼를 입고 할머니가 챙겨 준 우거짓국을 들고 나섰다. 할머니는 서희네 할아버지가 좋아한다는 우거짓국을 한가득 싸 줬다. 국 냄비를 오른손, 왼손으로 바꿔 들며 서희네 부동산으로 향했다.

사두리 부동산이라는 커다란 간판이 눈에 들어왔다. 할아버지들끼리 사이가 멀어지는 바람에 한동안 부동산에 놀러 가지 못했다. 마을 어른들 중에는 서희 할아버지가 외지 사람들에게 땅을 판다며 싫어하는 분들도 있다. 난 어른들이 말하는 땅 문제는 잘 모른다. 부동산에 놀러 가면 서희와 율무차를 타 마시는 게 좋을 뿐이다.

"서희야!"

서희 이름을 부르며 문을 여는데 방 안에서 큰소리가 터져 나왔다. 서희 할아버지 목소리였다.

"썩 나가라, 고얀 놈! 고작 돈 달라는 말 할라꼬 내려왔드나. 늙은 애비한테 자식새끼 맡기 놓고 일 년에 개우 몇 번 얼굴만 삐쭉 비치드만, 사두리 땅값 오른다는 소식이 그까지 들리드나? 땅 팔아서 천금이 생겨도 니한테는 안 준다!"

서희네 아빠가 왔나 보다. 서희는 아빠가 사두리에 내려오면 얼굴이 어두워진다. 평소엔 웃음도 많고 장난도 잘 치는데……. 서희가 부모님과 떨어져 산다는 말을 처음 들었을 땐 믿기지 않았다. 나와 다르게 항상 표정이 밝았으니까. 서희 아빠는 사두리에 오기만 하면 할아버지와 다툰다고 했다. 서희 아빠가 할아버지한테 땅을 팔아 사업 자금을 마련해 달라고 하기 때문이란다.

"사두리에 내리온나. 서울에서 되지도 않는 사업 한다꼬 돈 말아먹지 말고, 고향 내리와서 장사를 하든 농사를 짓든 해라. 여기도 개발이다 머다 해서 달라진다 안 하나."

서희 할아버지의 말투가 한결 누그러졌다. 부탁하는 것도 같았다.

우거짓국만 두고 조용히 가려는데 서희가 나왔다. 서희는 나를 보더니 아무 말도 하지 않고 대문 밖으로 걸어 나갔다.

무밭까지 걸어가는 동안 서희는 한마디도 하지 않았다. 추수를 마친 논이 텅 비어 있었다. 길 가장자리에는 곡식을 털어 내고 남은 볏단이 수북하게 쌓여 있었다. 기분 때문인지 볏단이 슬퍼 보였다.

우리는 밭에서 뽑은 무를 하나씩 들고 마을 회관에 모여 앉았다. 오늘의 요리 선생님은 상철이네 엄마였다.

"먼저 무를 요래 네모지게 써는 기다. 이게 깍둑썰기다, 알겠나?"

상철이는 엄마가 선생님이 된 게 좋은지 싱글벙글했다. 하지만 칼질만큼은 평소와 다르게 진지하게 했다.

우리는 무를 깍두기 모양으로 작게 썰었다. 몇 토막을 썰고 나자 칼을 쥔 손이 아파 왔다. 서희는 말없이 무만 썰었다. 평소에 요리를 해서 그런지 나보다 훨씬 잘 썰었다.

깍둑썰기를 한 무를 큰 통에 담고 소금을 뿌렸다. 무가 절여지는 동안 양념을 만들었다. 사두리 밭에서 자란 고추를 빻아 만든 고춧가루에 양파, 마늘을 넣었다. 매콤한 냄새가 코를 간지럽혔다.

"요 깍두기 먹는 할배, 할매들이 얼매나 좋아하겠노. 그 생각하믄서 정성껏 맹글어야 된데이."

"네에!"

모두들 큰 소리로 대답했다.

소금에 잘 절여진 무에 양념을 넣어 버무렸다. 하얀 무가 붉은색으로 물들었다. 침이 꼴깍 넘어갔다.

"맛있겠지? 빨리 먹고 싶다."

괜히 말을 걸어 보았지만 서희는 손으로 북북 양념을 버무리기만 했다. 다 만든 깍두기를 입에 넣으려는 순간, 마을 회관 문이 홱 열렸다. 우리 할아버지였다. 할아버지는 서희를 보며 급히 손짓했다.

"서희야, 얼른 나온나. 느거 할배 쓰러짔단다. 얼른얼른."

서희가 자리에서 벌떡 일어났다. 나도 덩달아 따라갔다. 이장님이 운전하는 차에 할아버지, 서희 그리고 내가 타고 병원으로 향했다. 가는 내내 서희는 몸을 덜덜 떨었다. 나는 서희 손을 꼭 잡았다.

서희 할아버지는 읍내 병원에 입원해 있었다. 서희 아빠와 말다툼을 한 뒤에 혈압이 올라 쓰러졌다고 했다. 다행히 빨리 병원에 와서 괜찮을 거라고 했다. 서희는 할아버지를 보더니 훌쩍훌쩍 눈물을 흘렸다.

"괘안타. 울지 마라. 할배 안 죽는다."

서희는 할아버지 말에 더 크게 울음을 터뜨렸다. 할아버지는 마른 손을 들어 서희 머리를 쓰다듬었다.

"야가 와 이래 우노? 쪼매 어지러버가 쓰러진 것 같고……."

서희 할아버지가 몸을 일으키려 했다. 그 모습을 보고 우리 할아버지가 어깨를 눌러 눕혔다.

"시끄럽다. 한 며칠 여서 누버 있어라. 집 걱정은 말고."

"고맙다. 그래도 친구밖에 없네."

서희 할아버지와 우리 할아버지가 마주 보며 웃었다.

나는 서희 손을 잡아끌었다.

"서희야, 오늘 나랑 같이 자자, 응?"

할아버지가 서희와 나를 집에 데려다주고 오겠다며 병실을 나섰다. 등 뒤로 서희 할아버지 목소리가 들렸다.

"우리 땅 안 팔기로 했다. 서희 애비, 언젠가는 사두리로 올 기다. 그때까지 사두리를 지키야 안 되겠나."

그 말을 들은 할아버지가 하회탈처럼 환하게 웃었다.

"후딱 가자. 느거 델다주고 나는 또 와야제."

나와 서희도 서로 손을 꽉 잡았다.

가족의 변화

인구의 대부분이 농사를 짓던 시절에는 3대 이상이 모여 사는 대가족이 흔했어요. 농사일에 일손이 많이 필요하기 때문이지요.
그런데 1970년대 이후 산업화가 진행되면서 가족의 형태가 많이 바뀌었어요. 부모와 자녀 2대만 모여 사는 가족이 많아진 거예요. 그 후로는 자녀가 결혼하면 부모와 떨어져 가정을 꾸리는 것을 당연하게 여기게 됐지요. 그러다 보니 노인 부부만 살거나 노인 혼자 사는 경우가 많아졌어요. 현재 우리나라 노인 다섯 명 중 한 명은 독거노인이지요.

증가하는 노인 문제

우리나라의 노인 인구는 꾸준히 증가하고 있어요. 현재 우리나라 인구의 15퍼센트가 65세 이상 노인이지요. 평균 수명이 늘어남에 따라 앞으로 노인 인구가 계속 증가할 것으로 보여요.

노인 인구가 증가하며 여러 가지 노인 문제가 발생하고 있어요. 노후 준비가 되어 있지 않아 경제적인 어려움을 겪는 노인들이 많고, 혼자 살면서 우울증이나 불면증 등 여러 병을 앓는 노인들도 늘어나고 있지요. 노인 문제 해결을 위해 의료비 지원, 일자리 만들기, 여가 생활 지원 등 여러 사회 정책이 마련되어야 할 거예요.

13화 절기

새알심 동동 띄운
동지 팥죽 드세요!

"너희들 꼭 와야 해. 6시 정각, 알겠지?"

할머니가 우리 반 친구들을 집으로 초대했다. 동지 팥죽을 먹여야 한다나?

오늘은 동지다. 스물두 번째 절기이고, 일 년 중 밤이 가장 길고 낮이 가장 짧은 날이다. 그런데 그게 뭐, 어떻다는 건가? 솔직히 선물을 받는 크리스마스도, 세뱃돈 두둑이 챙기는 설도 아니지 않은가. 그래도 친구들이 안 와서 할머니가 실망하는 것은 싫다.

점방에 돌아오니 할머니가 팥 끓인 물을 버리고 있었다.

"저그 옆으로 비키서라. 뜨건 물이라도 튀면 큰일 난다."

할머니가 솥을 든 채 턱으로 옆을 가리켰다.

"팥 삶은 첫 물은 버리고, 새로 물 받아서 삶아야 하는 기다. 잘 기억해 놔라, 알겠나?"

"아휴, 할머니! 난 아직 초등학생이야. 근데 벌써 팥 삶는 법을 배워?"

"어릴 적에 배워야 평생 안 까묵는다 아이가. 내 봐라. 아까 점방에 손님이 와서 수세미를 달라 캤거든. 그런데 내가 뒤돌아서면서 바로 잊어뿌린 기라. 그래가 손님한테 모기약을 안 줬겠나. 아이고, 맴은 청춘인데 머리가 안 따라 준다. 내가 진짜로 할매가 된 기라."

할머니는 팥 삶는 방법을 알려 주다 말고 신세 한탄을 했다.

"그래도 할머니가 사두리에서 두 번째로 미인이야. 첫 번째는 나고."

"그래그래, 우리 미미 점방에는 사두리 최고 미인들만 산다. 근데 이런 말은 우리끼리만 하재이."

할머니가 환하게 웃자 얼굴에 주름이 더욱 깊어졌다. 할머니 주름은 예쁜 주름이다. 이건 진짜다!

"그런데 할아버지 어디 갔어?"

"아이고, 내가 느그 할배 때문에 몬 산다. 또 쓰레기 매립장 반대한다 꼬 이장이랑 도청으로 달려갔다 안 하나."

할머니 얼굴이 다시 어두워졌다. 그때 점방 밖에서 친구들의 왁자지껄한 소리가 들렸다.

"왔나?"

할머니가 점방 문을 활짝 열고 친구들을 반겼다. 서희, 안나, 상철이, 민호, 게다가 지운이까지 왔다.

"할머니, 안녕하셨어요? 이거 엄마가 가져다드리라고 했어요."

지운이가 귤이 담긴 소쿠리를 내밀었다.

"아이꼬, 기냥 와도 되는데. 얼른 드가자. 팥죽 식는다."

할머니가 손짓을 하며 재촉했다.

"팥죽에 든 요 흰떡은 새알만 하다고 해서 새알심이라 한다. 옛날엔 동지 팥죽에 든 새알심을 나이만큼 묵어야 된다 켔는데……."

"헉! 그럼 할머니는 새알심 백 개 드셔야겠네요?"

상철이가 새알심 세 개를 한 번에 입에 넣고 말했다. 팥죽이 입 옆으로 줄줄 샜다.

"우리 할머니가 백 살이냐? 그리고 뭐 먹을 때 말하지 좀 마, 더럽다."

내가 핀잔을 줬다.

"와 그라노? 잘 묵으니까 이쁘기만 하네."

할머니가 상철이 어깨를 다독였다.

"느그들, 와 동지에 팥죽 먹는지 아나? 옛날 중국에 말이다. 어떤 머스마가 있었는데 완전 망나니였던 기라. 부모 말도 안 듣고, 이웃 사람들 해코지도 마이 하고. 그런데 이 머스마가 동짓날 콱 죽어 뿐 기라. 살아서 망나니맹키로 나쁜 짓만 하던 놈이 죽어서 착한 귀신이 될 리가 있나? 못된 귀신이 된 기지."

"그래서요?"

안나가 숟가락을 든 채로 서희에게 바싹 다가가 앉으며 물었다.

"이 머스마가 살았을 때 팥을 무서버한 기라. 그래서 사람들이 못된 귀신을 쫓아낼라꼬 팥죽이랑 팥떡, 팥밥을 해서 묵고, 집 안 여기저기에 놔두고 그런 기라."

"옛날에는 전염병이 돌면 우물에 팥을 넣고, 나쁜 일이 생긴 곳에는 팥죽을 뿌렸대요."

지금까지 한마디도 없던 민호가 팥죽을 우물거리며 말했다.

"맞다. 옛날에는 팥죽으로 귀신을 쫓아내고, 나쁜 일이 생기는 것을 막을 수 있다고 생각했다."

후식으로 지운이가 가지고 온 귤을 먹는데 할아버지가 왔다.

"오, 그래그래. 재미나게 놀그래이."

아이들이 일어나서 인사하자 할아버지가 고개를 끄덕였다. 할아버지 얼굴에 피곤함이 잔뜩 묻어 있었다.

할머니가 내준 윷으로 편을 나눠 윷놀이를 했다. 처음엔 인터넷도 안 되고 게임기도 없다며 지루해하던 아이들은 어느새 "윷이야!", "모야!"를 외치며 윷을 던졌다. 엉덩이를 들썩이며 말판에 말을 놓고, 자기 팀 말이 잡히기라도 하면 "으악, 잡혔어!"라며 비명을 질렀다.

신나게 놀다 보니 어느덧 8시가 넘었다.

"맛있는 팥죽 잘 먹었습니다. 안녕히 계세요."

지운이가 할아버지 할머니에게 배꼽 인사를 했다. 다른 아이들은 지운이의 깍듯한 인사에 민망한 듯 웃었지만 곧 같이 고개를 숙였다. 아이들 손에는 할머니가 싸 준 팥죽이 한 그릇씩 들려 있었다.

"할머니, 서희네 집까지 데려다주고 올게."

나는 아이들과 함께 점방을 나섰다. 우리는 각자 집으로 가는 척했지만, 사실 모두 같은 곳으로 향하고 있었다.

"설마 팥죽을 뿌린다고 쓰레기 매립장 공사를 안 하겠나? 이건 다 미신이야, 미신."

"그럼 니는 집에 가라. 그리고 니는 매립장 짓는 거 찬성하잖아."

서희가 지운이에게 화를 냈다.

"이젠 아냐. 이렇게 깨끗한 사두리에 쓰레기 매립장은 어울리지 않는 것 같더라고."

"옴마야, 지운이 니도 이제 사두리 사람 다 돼 뿟네."

서희가 지운이 팔을 툭 치며 말했다.

"동짓날 밤이 제일 길다더니 진짜 깜깜하다."

상철이 말대로 초저녁부터 어둑어둑하던 하늘이 어느새 사방에 먹물을 뿌려 놓은 듯 깜깜해졌다.

아이들과 이런저런 얘기를 하며 걷다 보니 어느새 '공사 중'이란 간판이 보였다. '안전제일'이라고 적힌 안내판 전구가 반짝이고 있었다.

아이들은 팥죽이 든 비닐봉지를 열었다. 나는 흙더미 위에 올라가 망을 보았다. 아무도 없었다. 우리는 팥죽을 조금씩 덜어 '공사 중' 간판 밑에 뿌렸다. 그리고 재빨리 공사장을 벗어났다. 누군가 '이놈!' 하

며 뒷덜미를 잡아챌 것만 같아서 자꾸만 뒤를 돌아보게 됐다. "야, 뛰어."라는 상철이의 말에 우리는 날듯이 뛰었다. 멈출 수가 없었다.

　마을 입구에서부터 양쪽으로 길게 늘어선 가로등이 유난히 환하게 느껴졌다. 우리는 가로등 아래 모였다.

"니 울었나? 얼굴이 그게 뭐꼬?"

서희가 상철이를 보며 박장대소를 했다.

"이게 땀이지, 눈물이냐? 아, 진짜 한겨울에 왜 이렇게 더워."

상철이가 점퍼의 지퍼를 열고 옷을 펄럭였다. 상철이뿐 아니라 서희, 안나, 지운이, 민호, 그리고 나까지 모두 땀을 뻘뻘 흘리고 있었다.

"솔직히 아까 좀 무섭긴 했어, 그치?"

"응, 그래도 팥죽을 뿌린 건 잘한 거 같아. 팥죽이 매립장 공사를 막아 주면 좋겠다."

우리는 갈림길에 도착할 때까지 쉴 새 없이 조잘댔다.

"내일 봐!"

나는 아이들과 헤어져 점방으로 향했다. 그러면서 생각했다. 동지 팥죽이 효과가 있기를. 그래서 할아버지 얼굴에서 걱정이 사라지기를. 내년에도 아이들과 매일 신나게 놀 수 있기를.

앞으로 사두리에 좋은 일만 생기면 좋겠다!

미미네 점방 사전

☑ 절기란?

우리나라 계절은 봄, 여름, 가을, 겨울로 나뉘어요. 사계절을 더 자세히 나눈 것이 절기랍니다. 절기는 1년을 15일 단위로 나누지요. 봄의 시작을 알리는 입춘에서, 겨울이 끝나는 대한까지 24개의 절기가 있어요.

봄	여름	가을	겨울
입춘 봄이 시작됨	**입하** 여름이 시작됨	**입추** 가을이 시작됨	**입동** 겨울이 시작됨
우수 봄비가 내리고 싹이 틈	**소만** 농사 시작	**처서** 일교차 커짐	**소설** 얼음 얼기 시작
경칩 개구리가 깨어남	**망종** 씨를 뿌림	**백로** 이슬 내림	**대설** 큰 눈 내림
춘분 낮이 길어짐	**하지** 낮이 가장 긺	**추분** 밤이 길어짐	**동지** 밤이 가장 긺
청명 봄 농사 준비	**소서** 여름 더위 시작	**한로** 찬 이슬 내림	**소한** 작은 추위
곡우 봄비 내림	**대서** 더위 가장 심함	**상강** 서리 내림	**대한** 큰 추위

* 실제로는 대한보다 소한이 더 춥다.

☑ 동지 풍속

동지가 지나면 낮이 점점 길어져요. 우리 조상들은 이것을 태양이 되살아나는 것이라 여겨서 동지를 중요하게 생각했어요.

동지에는 팥죽을 만들어 이웃과 나눠 먹었어요. 동지에 팥죽을 먹어야 나이를 한 살 더 먹는다고 생각했지요. 또 집 안 곳곳에 팥죽을 놓거나 '巳(뱀 사)' 자를 거꾸로 쓴 부적을 붙여 나쁜 귀신을 쫓아내는 의식을 하고, 새해 달력을 걸었어요.

 **14화** 세계 빈곤

달콤한 초콜릿 속에 숨은 씁쓸한 맛

"밸런타인데이에 내한테 초콜릿 줄 사람?"

상철이가 아무렇지 않은 척 안나를 힐끗 보며 물었다. 하지만 안나는 상철이 말을 못 들은 척했다.

겨울 방학이지만 특별 교실 때문에 학교에 왔다. 영어 교실과 과학 교실, 논술 교실이 줄줄이 이어졌다. 즉 겨울 방학이지만 여전히 학교에 와야 한다는 말이다.

"상철이 쟈는 눈치가 읎어도 느무 읎다. 안나가 지운이 좋아하는 거는 울 할배도 다 아는데 말이다."

"상철이만 눈치 없는 게 아니라 지운이도 그렇잖아. 솔직히 지운이는 똑똑하긴 한데, 남자로서는 좀~ 어린 것 같아."

나는 서희와 교실 맨 뒷자리에 나란히 앉았다. 그 덕분에 입을 헤 벌리고 안나를 보는 상철이, 턱까지 괴고 지운이만 바라보는 안나, 그에 아랑곳없이 영어 선생님 입만 뚫어져라 쳐다보며 발음을 흉내 내는 지운이가 한눈에 다 보였다.

"킥킥, 하긴 내도 지운이가 좀 어린 것 같드라. 아이고, 불쌍한 우리 안나! 얼른 지운이가 어른맹키로 커서 안나 맴을 알아줘야 할 긴데."

"근데 너는 좋아하는 남자 없어?"

서희에게 슬쩍 물었다.

"무슨…… 저런 얼라들이 머가 좋다고."

서희는 콧방귀만 뀌었다.

수업이 끝나고 교문을 나서는데 서희가 안나와 함께 갈 곳이 있다고 했다. 나는 혼자 점방으로 돌아왔다.

"미미 왔나?"

할머니가 반겼다.

"오늘 점방이 왜 이렇게 썰렁해? 손님도 없고, 놀러 온 분도 없네."

"다들 애니데이 마트에 간 눈치다. 내한테 미안한지 저짝으로 돌아서 가드만. 뭐, 같은 마을 사람이 하는 가겐데 아무 데나 가믄 어떻노?"

할머니는 말은 그렇게 하지만 내심 서운한 눈치였다.

"할머니, 내가 마트에 가서 누가 우릴 배신했는지 보고 올게!"

나는 가방을 던져두고 밖으로 나갔다. 뭔가 의심스러운 마음이 들어 두 눈으로 직접 확인하고 싶어졌다.

　큰길 횡단보도를 건너 아파트 상가 쪽으로 달렸다. 아파트 단지가 병풍처럼 둘러서 있는 상가 1층이 바로 지운이 부모님이 하는 애니데이 마트다. 마트 앞 커다란 핑크색 테이블에는 알록달록 예쁘게 포장된 초콜릿이 한가득 쌓여 있었다. 대부분 외국에서 수입한 초콜릿으로, 우리 점방에서는 팔지 않는 것이었다.

　그냥 돌아갈까 망설이다 마트에서 나오는 서희와 안나를 발견했다. 서희와 안나 손에는 애니데이 마트라고 새겨진 하얀 봉투가 들려 있었다. 우리 점방은 검은 비닐봉지에 담아 주는데…….

　나는 서희와 안나를 피해 상가 기둥 뒤로 숨었다. 왠지 심장이 두근거리고 손바닥에서 땀이 났다. 서희의 커다란 웃음소리가 점점 멀어졌다.

　터덜터덜 돌아와서 점방에 진열된 초콜릿을 쳐다봤다. 필통만 한 초콜릿 두 종류가 껌 통 옆에 놓여 있었다. 곧 밸런타인데이인데, 저 초콜릿으로나마 내 마음을 표현해야 하나……. 휴우, 절로 한숨이 났다.

 2월 14일 아침, 선생님이 교탁에 놓인 초콜릿 꾸러미를 보며 활짝 웃으셨다. 우리 반 아이들이 함께 산 초콜릿이었다.

 "아이참, 너희는 선생님을 너무 사랑한단 말이야. 쪼끔만 덜 사랑해 줘라. 부담스럽다. 허허허. 그런데 너희들, 이 초콜릿이 어떻게 만들어지는지 알고 있니?"

 갑작스러운 질문에 우린 서로를 마주 보며 어깨를 으쓱했다.

 "초콜릿은 카카오나무의 열매로 만들어요!"

 지운이가 대답했다. 아는 것도 참 많다.

 "맞아. 초콜릿의 원료인 카카오는 중앙아메리카, 아프리카 등 따뜻한 지역에서 많이 자라지. 그런데……."

 선생님이 다시 우리를 둘러봤다.

 "정작 카카오를 기르는 사람들은 초콜릿을 먹어 본 적이 없다고 해. 카카오로 초콜릿을 만든다는 사실도 물론 모르고. 한번은 카카오 농장 사람들에게 초콜릿을 맛보게 해 줬더니 깜짝 놀라더래. 정말 달콤하고 맛있다며 말이야."

 "진짜요? 카카오를 기르는데 초콜릿을 먹어 본 적이 없다니……."

 "그 사람들이 카카오 농장에서 일하고 받는 대가에 비하면 초콜릿이 너무 비싸기 때문이란다."

선생님은 카카오 농장에서 일하는 사람들의 이야기를 들려주었다. 서양 사람들은 달콤한 초콜릿 맛에 반해 중앙아메리카와 아프리카 대륙 곳곳에 커다란 카카오 농장을 세웠다. 그곳에 사는 사람들은 아주 적은 돈을 받고 일하는데, 그중에는 나보다 나이가 훨씬 어린 아이들도 많단다. 카카오를 가장 많이 생산하는 코트디부아르라는 나라에서는 수십만 명의 아이들이 하루 종일 카카오 열매를 따느라 학교도 못 간다고 한다.

　"왜 그 사람들이 대가를 적게 받는지 모르겠어요. 그런 나라에는 커피·석유·금·다이아몬드도 많이 나는데, 그런 걸 팔면 돈을 많이 벌 수 있지 않나요?"

　선생님 말씀을 듣고 지운이가 답답해했다.

　"음, 그게 자원이 풍부한 나라들의 모순◆이란다. 아니면 슬픔이라고 해야 할까?"

　"자원이 풍부한 게 와 슬픕니꺼? 덩실덩실 춤을 출 일이지예."

　서희 말에 다른 아이들은 선생님만 말똥말똥 쳐다봤다.

　"자원이 풍부하니 그 자원을 욕심내는 사람도 많지 않겠니? 부패한 정치인들은 자원을 독차지하려 하고, 선진국은 그 자원을 빼앗으려 덤벼들지. 그러니 힘없는 국민들은 당하며 살 수밖에 없는 거야."

　"쌤, 지는 앞으로 절대, 다시는, 초콜릿을 먹지 않을 깁니더."

　서희가 비장하게 말했다.

◆ **모순** 어떤 사실의 앞뒤, 또는 두 사실이 어긋나서 서로 맞지 않음을 이르는 말

"아이코, 내가 밸런타인데이를 망쳐 버렸구나. 너희들에게 초콜릿을 먹지 말라고 이런 이야기를 한 건 아니야. 우리가 먹는 것, 사용하는 것이 어떻게 만들어지는지 한 번쯤 생각해 보자는 거지. 초콜릿, 사탕 등을 파는 회사의 상술◆에 이용당하는 것은 아닌지도 말이다."

"맞아요. 괜히 남자애들한테 비싼 초콜릿을 사 줘야 할 것 같아서 부담스러웠어요."

내가 서희를 흘겨보며 말했다.

"난 이 초콜릿도 맛만 좋다."

상철이는 내가 남자아이들에게 선물한 초콜릿을 이로 뚝 부러뜨려 먹으며 말했다. 상철이 말에 슬쩍 웃음이 나왔다.

"초콜릿 농장에서 일하는 아이들을 도울 방법은 없나요?"

"물론 있지. 오늘 집에 가서 이 단어들에 대해 조사해 보렴. 그리고 다음 시간에 함께 이야기하자꾸나."

선생님은 칠판에 '제3세계, 빈곤, 아동 노동, 유니세프, 공정 무역' 등의 단어를 썼다. 우리는 한 단어씩 맡아 조사하기로 했다. 나는 아동 노동을 맡았다.

우리 사두리 주민들 중에 큰 부자는 없는 것 같다. 그래도 아이들이 일을 하면서까지 돈을 벌어야 하는 집은 없다. 초콜릿을 사 먹지 못할 만큼 가난한 사람도 없다. 하지만 우리가 사는 세계에는 어른들의 보호를 받지 못하고 학교에도 가지 못한 채 하루 종일 일을 해야 하는 아

◆ 상술 장사하는 재주나 꾀

이들이 많다고 한다. 끔찍했다. 초콜릿의 원료인 카카오를 키우면서 정작 초콜릿이 뭔지도 모르고, 먹어 본 적도 없는 사람들이 대부분이라니……. 말도 안 된다.

　나는 달콤한 초콜릿 속에 숨겨진 씁쓸한 사실들 때문에 마음이 무거워졌다. 내가 그 사람들을 위해 뭘 할 수 있을까? 친구들, 선생님과 함께 많은 이야기를 나누고 싶어졌다.

미미네 점방 사전

☑ 밸런타인데이란?

밸런타인데이는 고대 로마 시대에 남녀를 짝지어 주던 축제 '루페르칼리아'에서 시작됐어요. 그러다 성직자 발렌티누스를 기리며 지금과 같은 이름으로 바뀌었지요. 발렌티누스는 로마 황제의 명령을 어기고, 전쟁터로 떠나는 군인들의 결혼식을 열어 주었어요. 그리고 그 벌로 사형을 당했지요. 훗날 사람들은 발렌티누스가 목숨을 잃은 2월 14일을 사랑하는 사람에게 마음을 표현하는 날로 여기게 됐어요.
우리나라에서 밸런타인데이는 여자가 좋아하는 남자에게 초콜릿을 주며 고백하는 날로 알려져 있지요? 이는 일본의 한 제과 회사가 초콜릿을 팔기 위해 만든 이야기에서 시작된 것일 뿐, 밸런타인데이의 실제 의미와는 거리가 멀답니다.

☑ 제3세계의 아동 노동과 공정 무역

제3세계는 산업과 기술이 발달하지 못한 빈곤한 지역을 말해요. 후진국, 개발 도상국이라는 말과도 비슷하게 쓰이지요. 제3세계의 여러 나라에는 교육을 받지 못하고, 빈곤과 질병에 시달리며 힘든 생활을 하는 사람들이 많아요. 어린이들도 적은 임금을 받으며 일을 하지요. 이러한 아동 노동의 문제점은 어린아이들에게 일을 시킨다는 점에서 그치지 않아요. 때리거나 제대로 밥을 주지 않고, 쉬지 못하게 하는 경우가 많지요. 납치를 하거나, 돈을 주고 아동을 사고팔기도 해요.
최근에는 제3세계에서 상품을 살 때 적정한 가격을 지불하는 공정 무역이 확대되고 있어요. 공정 무역이 이루어지면 제3세계의 노동자들이 더 나은 환경에서 일할 수 있으며, 아동 노동을 막을 수도 있어요. 따라서 우리가 공정 무역 제품을 구입하면 제3세계 사람들을 도울 수 있답니다.

 **15화 황사**

반갑지 않은 손님

"미미야, 간 좀 본나."

할머니가 밥을 하다 말고 나를 불렀다. 부엌으로 통하는 문을 열고 고개를 쏙 내밀자 할머니는 고소한 참기름 냄새가 나는 나물을 입속으로 쏙 넣어 주었다. 향긋한 맛이 입안 가득 퍼졌다.

나는 나물을 우물우물 씹으며 엄지손가락을 척 치켜들었다.

"할머니, 이거 무슨 나물이야? 맛있다."

"취나물이재. 낮에 할멈들하고 나가서 나물해 왔다 아이가. 지금이 딱 먹기 좋을 때다. 좀 지나믄 억세가 맛이 없따."

나는 상 위에 펼쳐 놓았던 공책과 연필을 치우고 밥 먹을 준비를 했다. 냉이를 넣은 된장국, 파랗게 데친 취나물무침, 달래 간장과 김이 차려졌다. 밥상에서 봄이 가득 느껴졌다. 나는 김에 밥을 싸서 달래 간장에 푹 찍어 먹었다.

"천천히 무라. 야가 6학년이 되더니 부쩍 밥을 더 먹네. 보소, 미미가 요새 쑥 큰 것 같지요?"

할머니가 구운 김을 더 꺼내 놓으며 할아버지에게 말했다.

"한창 클 때 아이가. 그나저나 미미 니, 내일 학교 갈 때 마스크 꼭 하고 가라."

"왜? 나 감기 안 걸렸는데?"

왜 그러냐는 듯 눈을 동그랗게 뜨자 할아버지가 텔레비전을 가리켰다. 화면에는 '봄철 불청객, 황사'라는 제목으로 뉴스가 나오고 있었다. 누런 먼지가 가득한 거리에서 사람들이 하얀 마스크를 쓴 채 고개를 푹 숙이고 걷는 모습이 나왔다.

"할아버지, 저기 나오는 건 서울 같은 큰 도시야. 사두리는 괜찮아."

할아버지는 고개를 절레절레 흔들었다.

"아이다. 사두리 공기 좋다는 것도 옛말이제. 몇 년 사이에 마이 나빠졌다. 황사 때문에 비닐하우스 농사 피해가 얼매나 많다꼬."

"맞다. 작년에 민호네가 황사 때문에 애호박 농사 반은 망쳤제."

할머니가 할아버지 말에 맞장구를 쳤다. 할아버지는 숟가락을 갑자기 상 위에 탁 놓고는 방문 쪽을 향해 삿대질을 했다.

"그라고 저짝 마을 땜에도 사두리 공기가 얼매나 나빠졌노. 아파튼가 머신가 짓는다꼬 흙먼지가 얼매나 날렸노 말이다. 황사가 중국에서만

오는 게 아이다."

"고마 밥이나 묵으소. 갑자기 딴소리는. 미미야, 밥 한 공기 더 주까?"

그날 저녁, 할아버지는 옷장을 뒤져서 하얀 마스크를 찾아 책가방 옆에 놓아 주었다.

다음 날 아침, 우스꽝스러운 지운이의 모습에 반 친구들이 모두 깜짝 놀랐다.

"어때? 나 우주인 같지 않냐?"

지운이가 책상 위에 걸터앉아 아이들을 둘러보며 물었다. 지운이는 뉴스에서 어른들이 쓰고 다니던, 얼굴의 반을 가리는 커다란 마스크를 쓰고 왔다. 게다가 고글처럼 생긴 안경까지 끼고 있었다.

"아예 산소통을 메고 오지 그랬냐? 그리고 이 다리 좀 치워

줄래?"

나는 지운이의 다리를 보조 가방으로 툭 치며 지나갔다.

"아, 그래. 미안하다."

지운이는 다리를 책상 안쪽으로 당기더니 나를 보고 피식 웃었다.

"야, 그런 마스크로는 황사 못 막아. 얘들아, 황사에 중금속도 섞여 있는 거 알지? 그거 막으려면 우리 애니데이 마트에만 파는 이 마스크를 써야 해."

지운이가 자기 마스크를 벗어 들고 아이들을 향해 흔들었다. 갑자기 밸런타인데이 때 생각이 났다. 서희와 안나가 애니데이 마트에서 초콜릿을 샀지. 안나는 지운이를 좋아하니까 애니데이 마트에 가는 걸 막을 수 없다. 하지만 서희가 지운이네 마트에서 마스크를 산다면 진짜 절교다. 나는 괜히 발끈해서 지운이에게 쏘아붙였다.

"황사 마스크 쓰고 고글 쓴다고 황사가 막아지니? 그런 걸 보고 눈 가리고 아웅 한다는 거야. 황사를 근본적으로 막을 생각을 해야지."

"오! 역시 미미는 다르다. 황사를 우짜면 막을 수 있노? 황사 때문에 콧물이 질질 나서 몬살겠다. 미미야, 황사 막는 방법을 갈챠 주면 내가 1년 동안 니 숙제 다 해 주께."

상철이가 휴지로 코를 풀며 코맹맹이 소리로 물었다. 그러자 서희가 상철이의 등을 한 대 툭 쳤다.

"머라 카노. 누가 누구 숙제를 해 주노. 니 숙제나 까묵지 마라."

"가스나, 내를 멀로 보고 그라노. 체육 숙제 도와주믄 될 거 아이가. 줄넘기나, 농구공 넣기 같은 거 말이다."

상철이가 제 코를 푼 휴지를 농구공 던지듯 서희에게 던졌다. 서희는 재빨리 휴지 공을 피하며 상철이에게 혀를 날름 내밀었다.

"아직 한참 멀었데이."

아이들이 상철이와 서희를 보며 깔깔 웃는데 내 머릿속은 하얘졌다.

'으이그, 어쩌자고 아는 체를 한 거야. 황사를 막을 방법을 내가 어떻게 알아? 김지운이 절대로 그냥 넘어가지 않을 텐데.'

나는 가방에서 교과서를 꺼내는 척하며 아이들 눈치를 살폈다. 그러다 한쪽에서 책을 읽고 있던 민호와 눈이 마주쳤다. 민호는 책을 덮더니 아이들을 향해 느릿느릿 말을 꺼냈다.

"얘들아, 미미 말이 맞다. 황사가 오면 마스크 쓰고 손 잘 씻고 하는 것도 중요하제. 하지만 황사가 왜 자꾸 심해지는가, 어떻게 하면 막을 수 있는가 생각해 보는 것도 중요한 것 같다."

민호를 보면 하루 종일 묵묵히 밭을 가는 황소 같다. 말수도 적고 행동도 느리지만, 반에서 힘쓸 일이 있을 때면 항상 말없이 도와준다. 또 중요한 일에는 늘 자기 생각을 야무지게 말한다. 어쩌면 아는 척하기 좋아하는 김지운보다 아는 게 더 많을지도 모른다.

"황사는 저기 먼 중국과 몽골의 사막에서 온다 하드라. 해마다 황사가 심해지는 건 사막이 점점 넓어져서 그렇다는데, 거기에는 우리 책임도 있다."

 상철이가 코맹맹이 소리로 발끈했다.

"우리가 뭘 했다고? 모래를 갖다 부은 것도 아닌데."

"그기 아이고, 우리 인간들 책임이라는 거다. 나무를 함부로 베서 숲을 없애고, 물을 아끼지 않고 쓴다 아이가. 지구 온난화라는 말 들어 봤제? 전기나 석유 같은 에너지를 펑펑 쓰니까 자꾸만 기온이 올라가고, 그래서 땅이 더 빨리 사막으로 변하는 거다. 몽골은 지금 땅의 90퍼센트가 사막이 되어 가고 있단다. 몽골에 사막이 많아지면 거기 사람만 피해를 보나? 더 심한 황사가 오니까 결국 우리도 피해를 보는 거제. 그러니까 중국이나 몽골에 사막이 더 늘어나기 전에 우리도 함께 노력해야 하는 기다."

와, 민호가 이렇게 말을 길게 하는 건 처음 봤다. 다른 아이들도 멍하니 민호의 말을 듣고 있었다. 민호는 아이들의 눈빛이 부담스러운지 말을 마치고 나서 다시 책으로 시선을 돌렸다. 김지운도 책상 위에서 내려와 자기 자리에 앉았다.

휴, 어쨌든 다행이다. 민호 덕분에 무사히 넘어갔다.

집에 돌아오니 할아버지가 작업복을 입고 모자와 마스크를 쓰고 있었다. 할머니는 큰솥에 찰밥을 쪄 냈다.

"할아버지, 어디 가? 할머니, 우리 집에 손님 와?"

"아이다. 느거 할배가 민호네 비닐하우스 청소하러 간단다. 민호 아버지 혼자 그 큰 하우스를 우째 씻겠노? 마을 사람들이 모여가 같이 해 주기로 했다."

나는 할머니가 찰밥을 그릇에 옮겨 담는 걸 도우며 말했다.

"할머니, 나도 갈래. 나도 도와주고 싶어."

"니가 할 게 뭐가 있노? 물뿌리개로 살살 뿌린다꼬 되는 기 아이라."

"아니, 민호한테 물어볼 것도 있고……. 내가 찰밥 배달할게!"

민호가 황사 박사가 된 것이 우연은 아닌 듯싶다. 민호에게 더 묻고 싶은 게 있다. 그리고 민호가 어떤 책을 보는지도 궁금했다.

황사를 불청객이라고 한다. 하지만 올해 황사는 꼭 그렇지만은 않다. 황사 덕분에 황소 같은 민호를 좀 더 알게 될 것 같다.

미미네 점방 사전

☑ 황사는 어디에서 올까?

봄철 불청객인 황사는 중국과 몽골에 있는 사막이나 황토 지대의 모래와 흙이 강한 바람을 타고 날아와 발생해요.

황사가 발생하면 대기가 오염되고 사람들의 건강이 나빠져요. 특히 호흡기 질환이나 눈병을 앓는 환자가 많이 늘어나요. 농작물 수확이 줄어들기도 하고, 가축은 병에 더 잘 걸리지요.

최근에는 중국에 공업 단지가 많이 생겨나 중금속 같은 물질이 황사에 섞여 있어서 더 위험하답니다.

☑ 사막에 나무를 심자!

황사 현상이 점점 심해지는 이유는 중국과 몽골의 땅이 사막화되고 있기 때문이에요. 사막화란 땅이 건조하고 메마르며 사막처럼 변해 가는 것을 말하지요. 특히 몽골은 땅의 90퍼센트가 사막화되고 있다고 해요.

사막화의 가장 큰 원인은 무분별한 개발이에요. 초원에 놓아기르는 가축의 수가 늘자, 가축들은 먹을 것이 부족해서 풀뿌리까지 먹어 버렸어요. 결국 가축들이 지나간 자리는 풀이 자라지 않는 땅이 됐지요. 또 비가 많이 오지 않는 지역에서 물을 마구 끌어가 논밭에 대자 물은 금세 말라 버리고, 그 땅은 사막처럼 변했어요.

중국과 몽골은 사막화를 막기 위해 나무를 심는 사업을 벌이고 있어요. 세계 여러 나라와 더불어 우리나라도 자연을 보호하기 위해서 힘을 보태고 있지요. 사막을 숲으로 만드는 것은 짧은 시간에 할 수 있는 일이 아니에요. 하지만 한 그루, 한 그루 심어 나가다 보면 언젠가 온 세상이 푸르러질 날이 오겠지요?

16화 장애인

너랑 나랑 입장을 바꿔 생각해 봐!

"선생님, 도시락은 언제 먹어요?"

"야, 아직 경주에 도착하지도 않았는데 뭔 도시락을 먹냐?"

지운이가 상철이에게 핀잔을 줬다.

오늘은 봄 체험 학습을 하는 날이다. 버스를 타고 3시간쯤을 달려 국립경주박물관에 도착했다.

선생님이 매표소에서 무료 관람권을 받았다. 박물관에 들어가는 것은 무료지만 관람권이 있어야 한다고 했다.

우리는 박물관 정면에 보이는 신라 역사관으로 향했다. 선생님을 따라 계단을 오르는데 상철이가 소리쳤다.

"선생님, 쟤들은 엘리베이터 타는데요? 우리도 엘리베이터 타요."

상철이가 가리키는 방향으로 고개를 돌려 보니 한 무리의 아이들이 엘리베이터를 타고 있었다.

"안 돼. 우리는 계단으로 올라갈 거야. 상철이 얼른 이쪽으로 와라."

상철이가 입술을 삐죽이며 계단을 올라왔다.

신라 역사관은 4개의 전시실이 이어져 있었다. 그중 울주 대곡리 반구대 바위그림의 복제품이 제일 먼저 눈에 띄었다. 얼른 다가가서 바위그림에 새겨진 사슴, 고래 등을 손으로 더듬어 보았다.

그때, 안나가 '엄마야' 하고 소리를 질렀다. 뒤돌아보니 어떤 남자애가 안나를 콕콕 찌르며 '안녕, 안녕'이라 말하고 있었다.

선생님께 말하려 했지만 너무 멀리 있었다. 잠깐 망설이는 사이 상철이와 지운이, 서희가 안나에게 달려갔다. 나도 따라갔다.

먼저 상철이가 안나의 팔을 잡고 우리 쪽으로 당겼다. 그런데 그 남자애가 안나를 따라와 계속 팔을 찌르며 인사했다. 안나는 제 팔을 잡고 서서 울상을 지었다.

"이 자식, 늬 미쳤나?"

상철이가 그 남자애를 밀치며 소리쳤다. 그러자 그 남자애 친구처럼 보이는 아이들이 다가왔다. 몇몇은 학교 이름이 적힌 목걸이를 걸고 있었다.

"쟤들은 아까 엘리베이터 탄 아들인데? 아들이 좀 이상하네, 맞제?"

서희가 아이들을 훑어보며 말했다.

"장애아잖아. 야, 야, 상대하지 마. 가자."

지운이가 상철이의 팔을 잡아끌었다.

우린 다시 선생님 뒤를 따라 전시실을 둘러봤다. 하지만 이미 유물에 관심이 사라진 지 오래였다. 우리 관심은 온통 뒤에 따라오는 아이들에게 집중됐다.

아까는 몰랐는데 한 아이가 시각 장애가 있는지 옆에서 누군가 부축을 해 주며 걸었다. 또 어떤 아이는 휠체어를 타고, 어떤 아이는 바닥만 보며 계속 중얼거리기도 했다. 그런데 그 아이들 중 몇몇이 눈을 부라리거나 혀를 날름거리며 우리를 약 올렸다.

우리도 질세라, 눈을 감고 안 보이는 시늉을 하거나 발을 절룩이고 얼굴을 일그러뜨리며 반격했다. 한참을 그러느라 전시실 밖으로 나온 것도 까맣게 모르고 있었다.

복도로 나오자 선생님이 굳은 표정으로 서 있었다. 우린 잘못을 하다 들킨 사람처럼 움찔했다.

"밖으로 나가자."

우리는 슬금슬금 눈치를 보며 선생님을 따라갔다.

"이번 봄 체험 학습의 목표를 바꿔야겠다. 문화재를 보며 역사를 배우기 이전에, 지금 우리와 함께 사는 사람들을 이해하고 어울려 살아가는 방법부터 배워야겠구나."

우리는 둘씩 짝을 지어 시각 장애와 지체 장애 체험을 하기로 했다. 안나와 상철이, 지운이와 서희, 민호와 내가 각각 짝이 되었다. 상철이와 나는 검은색 천을 눈에 두른 상태로 시각 장애를, 서희는 휠체어를 타고 지체 장애를 체험하기로 했다.

체험 장소는 어린이 박물관이었다. 이곳은 경사진 통로를 지나서 들어가야 했다. 한 손으로 민호의 팔을 잡고 다른 한 손으로는 난간을 잡아 내려갔다. 앞이 안 보이니 걸음을 떼는 것조차 겁이 났다. 천천히 통로를 내려가는데 뒤에서 서희랑 지운이가 난리였다.

"야, 잘 좀 잡아! 이러다 굴러가서 내 머리로 저 종을 치겠다."

"여기가 비탈이라서 자꾸 앞으로 굴러간단 말이야."

"쟤네 왜 저렇게 시끄러워?"

민호에게 물었다. 서희와 지운이의 말소리는 들리는데 무슨 일인지 직접 볼 수 없으니 답답했다.

"여기가 비탈이라서 서희가 탄 휠체어가 미끄러지려고 안 하나? 어, 선생님이 휠체어 리프트에 서희 휠체어를 실었다."

민호의 설명을 들으며 비탈길을 내려왔다. 민호가 다시 말했다.

"와, 성덕 대왕 신종을 쬐끄맣게 만들어 놨네. 미미 니 종 치 볼래?"

내가 고개를 끄덕이니 민호가 망치처럼 생긴 것을 손에 쥐여 줬다. 그런데 종이 어디 있는지 망치를 휘둘러도 아무 소리도 나지 않았다.

"에휴, 여다, 여."

민호가 한숨을 쉬며 내 손을 잡아 종을 대신 쳐 주었다. 눈이 안 보이니 제대로 할 수 있는 게 없었다. 슬슬 짜증이 났다.

"저기에 미술 시간에 했던 프로타주◆가 있다. 우리도 해 보자."

어디론가 이끌고 가던 민호가 갑자기 나를 내팽개치고 사라졌다. 덜컥 겁이 났다. 괜히 어지러운 것도 같고, 민호가 내게 다시 안 올 것도 같고…… 그냥 눈을 뜰까 고민하는데 민호가 내 팔을 잡았다.

"야, 최민호. 너 혼자 가 버리면 어떡해?"

민호에게 버럭 소리를 질렀다.

"프로타주 하려면 종이가 있어야 안 하나. 늬 것도 가져왔다."

민호의 팔을 잡고 다시 몇 걸음 걸으니 이번엔 허벅지에 무언가가 닿았다. 책상 같았다. 다시 손으로 더듬어 보니 네모난 틀 사이에 끼인 종이가 만져졌다. 나는 민호가 손에 쥐여 준 원뿔 모양의 색연필로 색칠을 했다. 어디를 칠했는지, 어디를 더 칠해야 하는지 알 수 없었다.

깨진 도자기 모형을 맞추는 것은 더 어려웠다. 앞이 안 보이는데 어떻게 조각을 맞출 수 있담? 민호가 조각을 쥐여 주며 도왔지만 결국 포기하고 말았다.

어린이 박물관은 체험할 것이 많다는데 우리는 몇 가지만 하고 밖으로 나왔다. 앞이 안 보이니 제대로 할 수 있는 게 없었기 때문이다.

"상철이와 미미는 이제 그만 천 풀어라. 서희도 일어나고."

선생님 말씀에 눈을 떴다. 밝은 햇살에 저절로 눈이 찌푸려졌다. 하지만 앞을 볼 수 있다는 게 너무 좋았다.

◆ **프로타주** 나뭇잎, 동전 등의 물체에 종이를 댄 뒤 색연필, 크레용 등을 문질러 거기에 베껴지는 무늬나 효과를 응용한 미술 기법

"어휴, 다시는 이런 체험 하지 마요. 속 터져 죽을 뻔했어요."

고개를 가로젓는 상철이는 얼굴이 빨개지고 땀까지 흘리고 있었다.

"처음엔 휠체어를 타는 게 재밌었는데, 나중에는 뭐든 제대로 할 수가 없어서 너무 힘들었어요. 아무튼 지운이 니 엄청 고맙데이."

서희가 지운이를 보며 엄지손가락을 치켜들었다. 지운이가 씨익 웃었다. 지운이도 서희 휠체어를 미느라 힘들었는지 얼굴이 빨갰다.

"저는, 저는……."

갑자기 내 눈에서 눈물이 왈칵 쏟아졌다. 서희가 얼른 다가와서 내 어깨를 감쌌다.

"와, 민호가 구박하드나, 니 앞 안 보인다고?"

"아니야. 민호는 정말 잘해 줬어. 그래도 앞이 안 보여서 무서웠어."

선생님이 내 머리를 쓰다듬어 주었다.

"오늘 이렇게 장애를 체험한 이유는, 다른 사람을 잘 이해하려면 그 사람의 입장이 되어 봐야 하기 때문이다. 또 장애인과 우리가 모두 똑같은 권리를 가진 사람이라는 사실을 아는 것도 중요하다."

우리는 선생님 말씀에 고개를 끄덕였다. 이번 봄 체험 학습은 정말 특별하게 기억될 것이다.

✅ 장애인

장애인은 몸이나 마음에 장애가 있어서 생활하기 불편한 사람을 말해요. 장애에는 눈에 장애가 있는 시각 장애, 듣기 어려운 청각 장애, 말하기 불편한 언어 장애, 몸에 이상이 있어서 움직이는 데 어려움을 겪는 지체 장애 등이 있지요. 지적 능력이 다른 사람보다 낮은 지적 장애, 다른 사람과 의사소통을 하기 어려운 자폐성 장애, 감정이나 생각을 조절하기 어려운 정신 장애를 겪는 사람도 있어요. 태어나면서부터 장애를 갖는 경우도 있지만, 사고나 병으로 장애가 생기기도 해요.

✅ 장애인 복지

장애는 생활을 불편하게 만들어요. 하지만 장애인도 장애가 없는 사람과 똑같이 편리하고 행복하게 살 권리가 있고, 자신이 원하는 대로 사회생활을 할 수 있어야 해요. 그러기 위해서는 장애인 복지가 잘 이루어져야 하지요.

우리나라는 장애인 복지를 법으로 보장하고 있어요. 정부는 장애인의 생활 환경을 돌보고, 꼭 필요한 치료와 교육을 받을 수 있게 하고, 직업을 가질 수 있도록 책임져야 하지요.

그런데 이러한 복지가 잘 이루어지지 않는 것이 문제예요. 또 미흡◆한 복지만큼이나 장애인을 힘들게 하는 것이 차별과 놀림이에요. 누가 나를 놀리고 차별하면 마음에 상처를 입지요? 장애인도 마찬가지랍니다. 우리 이것만은 꼭 기억해요. 장애인과 장애가 없는 사람은 똑같은 사람이고 평등한 대우를 받아야 한다는 것을요.

◆ **미흡** 아직 흡족하지 못하거나 만족스럽지 않음

 **대기업**

함께 손잡고
걸어가요

　어린이날을 맞아 놀이공원에 갔다. 수많은 사람들이 몰려 걸음을 뗄 수조차 없었다. 나는 팔을 허우적거리며 사람들 사이로 파고들었다. 하지만 더 많은 사람들이 계속 밀려와, 금방이라도 넘어질 것만 같았다. 그때 누군가가 내 손을 잡았다.
　"미미야, 미미야. 눈떠 봐라. 야가 꿈을 꿨는가 베."
　걱정스러운 눈빛으로 내 손을 잡고 있는 사람은 할머니였다.
　'휴, 꿈이었구나.'
　할머니가 차려 준 아침밥을 뜨는 둥 마는 둥 하고 집을 나섰다. 아마 내일이 어린이날이라 그런 꿈을 꾼 것 같다. 어린이날이 뭐 별거라고……. 나도 이제 6학년이다. 내년이면 어린이날 따위는 챙기지도 않을 거다. 그래도 이런 때는 엄마 아빠가 너무 보고 싶다.

교실에 들어서자 김지운이 종이 한 장을 불쑥 내밀었다.

"이게 뭐야?"

김지운은 나에게 직접 읽어 보라는 듯 손가락으로 종이를 툭툭 쳤다. 종이에는 5월 5일 어린이날을 맞아 애니데이 마트에서 행사를 한다는 내용이 적혀 있었다.

"내일이 어린이날이란 건 알지? 애니데이 마트에 피에로가 와서 마술도 보여 주고, 풍선 인형도 만들어 줄 거야. 이게 다 대기업에서 운영하는 애니데이 마트라서 가능한 일이라고."

김지운은 대기업이란 말에 힘을 주며 나를 쳐다보더니 어깨를 으쓱거렸다.

"동네 구멍가게하고는 비교가 안 되지. 최신 장난감도 있으니까 다들 구경하러 와. 참, 너희들 구경만 하고 그냥 가면 안 되는 것 알지?"

나는 전단지를 책상 서랍에 넣었다. 그리고 두 손으로 구겨 버렸다.

학교에서 돌아와 보니 할아버지가 점방 문을 열어 놓고 청소를 하고 있었다.

"미미 왔나. 5월인데 날이 푹푹 찐다. 먼지가 언제 이리 쌓있노?"

나는 가방을 한쪽에 놓아두고 마른걸레로 선반을 닦았다.

"미미야, 내일이 어린이날이제. 느거 친구들한테 이 할배가 한턱 낼란다. 친구들 줄 만한 걸로 점방에서 골라 바라."

할아버지가 큰 소리로 말했다.

"하이고, 영감이 손녀한테 인심 쓸라는가? 미미야, 퍼뜩 골라 바라. 내일 느거들 오면, 할매가 맛있는 전도 구워 주꾸마. 친구들 몽땅 데꼬 온나."

창문을 닦던 할머니도 미소를 지으며 말했다. 난 점방 안에 있는 물건을 둘러보았다. 빛이 바랜 노트, 연필, 지우개, 오래된 소꿉놀이 장난감……. 김지운이 준 전단지가 떠올랐다. 나는 걸레를 선반 위에 놓고 점방을 뛰쳐나왔다. 눈물이 왈칵 쏟아질 것 같았다.

한참을 달리다 보니 어느새 길 건너 아파트 단지까지 왔다. 아파트 상가에 애니데이 마트의 커다란 간판이 보였다. 마트 앞에는 '5월 5일 어린이날맞이 대행사'라는 화려한 광고지가 붙어 있었다. 유리창 안으로는 알록달록 포장된 선물 상자들이 보였다. 나도 모르게 유리문을 열고 들어갔다.

'나…… 여기 왜 온 거지?'

머뭇대는 사이, 계산대 앞에서 전화하는 지운이네 아빠가 보였다. 나는 아저씨 눈을 피해 물건을 고르는 척하며 마트 안을 둘러보았다.

사두리에 온 뒤로는 큰 마트나 백화점에 갈 일이 없었다. 지운이네가 하는 애니데이 마트가 이 주변에서 제일 큰 마트이긴 하지만, 난 거의 와 본 적이 없다. 지운이가 번번이 점방을 무시하는 듯 말하는 게 거슬렸기 때문이다. 또 애니데이 마트에 오는 게 왠지 할아버지 할머니한테 미안하기도 했다.

마트 중앙에 있는 넓은 진열대에 아이들에게 인기 있는 캐릭터 장난감, 블록, 예쁜 그림이 있는 필통과 지갑 등이 놓여 있었다. 나는 그중에서 꽃무늬가 있는 지갑을 들고 이리저리 살펴보았다.

"이렇게 물건을 많이 넣으라고 하면 어떡합니까?"

　갑자기 큰 목소리가 들려왔다. 깜짝 놀라 지갑을 내려놓고 소리 나는 쪽을 돌아보았다. 지운이 아빠였다.

"아니, 그게 아니고, 잘 팔리지도 않는 물건을 자꾸 받으라고 하면 어떡하냐고요. 그리고 언제 저희가 어린이날 행사 같은 걸 하고 싶다 했습니까? 행사에 들어가는 돈도 우리에게는 큰 부담이에요. 지난 밸런타인데이, 화이트데이 때 들여놓은 초콜릿과 사탕이 지금도 창고에 가득합니다. 본사에서는 물건을 들여놓으라 강요만 하고 반품도 안 받아주지 않습니까."

　아저씨는 답답한지 가슴을 탕탕 쳤다. 수화기 저편에서 무슨 얘기를 했는지 한숨만 푹 내쉬었다.

"당신들 받을 돈만 받아 가면 다요? 이런 시골 마을에서 물건이 팔리면 얼마나 팔린다고…… 사정을 좀 봐주면서 해야 할 것 아닙니까."

　그때 유리문이 덜컹 열리더니 지운이가 들어왔다. 지운이 손에는 아침에 교실에서 나눠 주던 전단지가 가득 들려 있었다. 아저씨는 서둘러 전화를 끊었다. 나도 지운이에게 들키지 않으려고 과일 진열대 밑에 쪼그리고 앉아 귀만 쫑긋 세웠다.

"지운이 왔니? 전단지 돌리느라 힘들었지? 너까지 고생이구나."

"아니에요. 운동하는 셈 치면 돼요. 이제 아파트 안은 다 돌렸어요. 내일 손님들이 많이 올 거예요."

지운이가 아빠를 향해 씩 웃어 보였다.

"그런데 아빠, 또 빵이랑 우유 드셨어요? 유통 기한 지난 거 먹지 마세요. 아깝다고 자꾸 드시면 안 돼요."

지운이가 계산대 앞에 놓인 빵 봉지를 보더니 못마땅한 목소리로 말했다.

"괜찮다. 어서 들어가 저녁 먹어라. 오늘은 마트 또 나오지 마."

아저씨가 문 쪽으로 지운이를 떠밀었다.

"아빠는 언제 오실 거예요? 밤에는 손님도 없는데 일찍 문 닫으면 안 돼요?"

"그러게 말이다. 본사에서 정한 시간대로 영업을 해야 하니 어쩔 수 없지. 아빠 걱정 말고 얼른 들어가."

지운이가 나가자 아저씨는 진열대 쪽으로 다가와 물건을 정리하며 혼잣말로 중얼거렸다.

"아이고. 마을 사람들한테 욕은 욕대로 얻어먹고, 우리 지운이까지 고생시키면서 이게 뭐 하는 건가 모르겠다."

나는 더 이상 쪼그리고 앉아 있을 수가 없어서 벌떡 일어났다. 그러고는 아저씨한테 꾸벅 인사하고 밖으로 뛰쳐나왔다.

다음 날 아침, 나는 아침을 먹자마자 서희네 집으로 달려갔다.

"서희야, 서희야. 얼른 나와 봐."

"와 이리 서두르노? 어데 갈라꼬?"

서희가 구겨진 운동화를 신으며 느릿느릿 말했다. 나는 마음이 급해서 서희의 팔을 잡아끌었다.

"갈 데가 있어."

"어데?"

"애니데이 마트."

서희가 우뚝 멈춰 섰다. 그리고 놀란 토끼 눈이 되었다.

"니 아침에 머 잘못 뭇나? 어데를 간다꼬?"

"애니데이 마트 갈 거라고. 왜 자꾸 물어."

"거참, 해가 서쪽에서 뜨고 고양이가 멍멍 하고 짖을 일이데이."

나는 서희의 말에 피식 하고 웃으며 다시 팔을 잡아끌었다. 애니데이 마트 앞에서는 피에로 분장을 한 아저씨가 아이들에게 풍선 인형을 만들어 주고 있었다. 줄을 선 안나와 상철이도 보였다. 피에로 옆에 서서 풍선을 나눠 주던 지운이는 나를 보고 입이 떡 벌어졌다. 마치 유령이라도 본 듯한 얼굴이었다.

나도 줄을 서서 기다렸다가 풍선 인형을 받았다. 마트에서 어제 보아 두었던 꽃무늬 지갑도 샀다. 그리고 지운이 앞으로 걸어갔다.

"김지운, 여기 행사 끝나면 우리 점방으로 와. 점방에서 준비한 어린이날 행사가 있으니까 꼭 와야 한다. 알았지?"

지운이는 여전히 말을 잇지 못한 채 고개만 끄덕였다.

"오늘이 우리의 마지막 어린이날이야. 같이 잘 지내보자."

나는 지운이에게 한 번 더 힘주어 말했다.

미미네 점방 사전

☑ 기업이 하는 일

기업은 우리 생활에 필요한 상품과 서비스를 제공해요. 학용품을 만드는 회사, 빵을 파는 제과점, 자동차를 생산하는 공장 등이 모두 기업이지요.

기업은 우리에게 물건과 서비스를 제공하고 그 대가로 돈을 받아요. 기업의 가장 큰 목적은 돈을 버는 것, 즉 이윤을 추구하는 것이지요. 기업은 이윤으로 근로자에게 임금을 주고 나라에 세금을 내요. 이런 기업 중에서 거대한 자본과 인력을 가지고 나라 경제에 큰 영향을 끼치는 것이 대기업이에요.

☑ 대기업과 골목 상권

백화점이나 대형 마트, 편의점, 동네 슈퍼마켓 같은 기업은 상품을 팔아서 이윤을 남겨요. 기업이 품질 좋은 상품을 더 싸게 팔면 장사가 잘되니 이윤이 커지지요. 그런데 거대한 자본을 가지고 있는 대기업은 가격과 서비스 면에서 개인 기업보다 운영이 유리해요. 최근에는 대기업에서 세운 대형 마트 때문에 동네의 작은 마트나 재래시장이 피해를 보는 일이 많아졌지요.

한편 대기업이 자신들의 상표를 걸고 장사를 하는 가게의 주인들에게 무리하게 영업을 강요하는 경우도 있어요. 가게의 인테리어를 자주 바꾸게 하거나, 많은 물건을 억지로 들여놓게 해서 가게 주인들이 손해를 입기도 하지요.

대기업은 한 나라의 경제뿐 아니라 사회와 문화에도 큰 영향을 미쳐요. 따라서 운영에 더욱 책임감을 가져야 해요.

대형 마트

재래시장

 시민 단체

더불어 사는 사회

"내도 가야지, 내도. 내가 할 말이 억시 많소."

할아버지가 슬리퍼를 던져 버리고 얼른 운동화로 갈아 신었다. 이장님과 담임 선생님, 그리고 시민 단체 '푸른자연' 아저씨들이 점방을 나섰다.

작년부터 사두리를 소란스럽게 했던 쓰레기 매립장 공사는 지금도 계속되고 있다. 마을 사람들 대부분은 깨끗한 산과 시내, 논과 밭, 과수원이 있는 사두리에 쓰레기 매립장이 웬 말이냐며 여전히 반대한다. 그런데 오늘 푸른자연에서 쓰레기 매립장에 대해 조사하겠다고 사두리를 찾아온 것이다.

"아이코, 이장이랑 여기 선상님들이 어련히 잘할까 봐서……. 뭐 영감까지 따라갈라 카요?"

"그기 무신 소리가? 내보다 사두리를 잘 아는 사람이 어딨다고?"

"예. 그래서 저희가 일부러 어르신을 모시러 온 겁니다. 이곳 사두리 환경에 대해 가장 잘 아는 분이 설명을 해 주시면 저희에게 큰 도움이 될 테니까요."

푸른자연 아저씨가 말했다.

"하모, 하모. 어여 갑시더."

흥분한 할아버지는 서둘러 쓰레기 매립장 공사장으로 출발했다.

"뭐라 카더라, 시민 단체라 캤나? 아무튼 저 선상님들이 무신 힘이 있어서 쓰레기 매립장 건설을 막겠노? 군수도 못 막은 기를."

할머니가 평상을 걸레로 닦으며 고개를 저었다. 쓰레기 매립장 건설을 막을 수 있다는 희망에 찬 할아버지를 걱정하는 거다. 혹시라도 또 못 막게 되면 할아버지는 기대한 만큼 더 실망할 테니 말이다.

"혹시 알아? 저 아저씨들이 진짜로 막아 줄지?"

솔직히 나도 할머니와 똑같은 마음이지만 그래도 희망을 가지고 싶었다.

"시민 단체가 뭐 하는 사람들이가?"

어느새 왔는지 서희가 안나와 함께 평상에 드러누우며 말했다.

"시민운동 하는 사람들 아냐?"

나도 덩달아 평상에 누우며 대답했다.

"시민운동이 뭐꼬? 달리기? 뭐 마라톤 이런 거 하는 기가? 설마, 그런 운동은 아이겠지?"

서희는 자기가 말하고도 어이가 없는지 피식 웃었다.

"이따가 선생님한테 여쭤 보자."

우리는 나란히 누워 옅은 구름을 봤다.

"다 큰 아들이 아무 데서나 막 드러눕고…… 잘하는 짓이다."

상철이 목소리다. 살짝 고개를 들어 보니 민호와 지운이도 있었다.

"너거들은, 다 큰 아들이 와 몰려다니는데?"

서희가 남자애들을 흘겨보며 말했다.

"너무 더워서 아이스크림 사 먹으려고, 너희 점방에서."

지운이가 슬며시 내 옆에 앉았다. 요즘 지운이가 이상하다. 자꾸 나한테 잘해 주고, 틈만 나면 나를 쳐다보고, 계속 내 옆에 와 앉는다.

"그래? 우린 선생님 기다리는 중이야. 뭐 여쭤 볼 게 있어서."

얼마 뒤, 할아버지와 담임 선생님이 돌아왔다.

"푸른자연에서 오신 분들은 사두리에 쓰레기 매립장을 짓는 것이 주민들의 건강을 위협하고 자연환경을 파괴하며 농업, 산림업에도 큰 피해를 준다는 데 의견을 모았습니다."

담임 선생님이 할머니에게 말했다. 푸른자연 아저씨들은 조만간 주민과 군청·도청 담당자, 건설 회사 직원 등을 모아서 사두리에 쓰레기 매립장을 건설하면 안 되는 이유를 설명하고, 매립장을 꼭 지어야 하는지에 대해서 토론할 거라고 했다. 신문과 방송사에도 매립장 건설의 문제점을 제보해서 국민들에게 널리 알린단다. 시민 단체가 이렇게 많은 일을 할 줄이야!

"그 양반들이 이러데. 사두리 같은 청정 지역에 쓰레기 매립장을 짓는 거는 말도 안 된다꼬. 그래서 쓰레기 매립장 건설을 막을 때까지 사두리를 돕겠다꼬. 허허, 이제 됐다. 다 잘될 기다."

할아버지 얼굴에 웃음이 가득했다. 덩달아 나도 기분이 좋아졌다.

"어제 여름 방학이 시작됐는데, 벌써 친구들이 보고 싶었구나? 다들 모여 있는 걸 보니?"

담임 선생님이 평상 한쪽에 앉으며 웃었다.

"엑! 보고 싶기는요? 그냥 우연히 만난 거지."

상철이가 또 오버를 했다.

"나는 너희들 보니 엄청 반가운데? 우리 아이스크림 하나씩 먹자. 선생님이 쏜다!"

우리는 얼른 아이스크림을 하나씩 골라 선생님 곁에 모여 앉았다.

"역시 세상에서 제일 맛있는 아이스크림은 공짜 아이스크림이다!"

"동의! 진짜 오랜만에 상철이 늬 말에 동의한다!"

서희가 녹아내리는 아이스크림을 혀로 핥으며 말했다.

"선생님, 시민 단체는 시민운동 하는 사람들 맞죠? 근데 무슨 운동을 하는 거예요? 진짜 쓰레기 매립장을 못 짓게 할 수 있어요?"

나는 궁금한 마음에 선생님에게 질문을 쏟아 냈다.

"아까 그 아저씨들은 산과 강, 바다와 공기 같은 자연을 보호해서 사람들이 깨끗한 환경에서 건강하게 살 수 있도록 노력하는 시민 단체 분들이야."

"그분들이 어떻게 사두리에 온 거예요?"

"작년부터 사두리 주민들은 쓰레기 매립장 건설을 막으려고 노력했어. 하지만 우리 힘만으로는 부족하더라고. 그래서 마을 어른들은 군수와 지역 의원, 국회 의원에게 도움을 구했고, 나는 시민 단체에 도움을 청했단다. 그래서 그분들이 온 거야."

"하지만 시민 단체는 일반 시민들이 모인 단체잖아요. 무슨 힘이 있겠어요, 대통령도 아닌데?"

지운이가 고개를 갸웃했다.

"그래, 시민 단체가 대통령보다 힘이 셀 수는 없지. 하지만 우리가 사는 이 사회에는 다양한 문제가 있어. 이런 문제들을 대통령이나 국회 의원 같은 정치인들이 다 알고, 다 해결할 수는 없단다. 그래서 시민들이 직접 나서서 이런 문제들을 해결하려고 노력하는 거야."

"어떻게요?"

"사회의 문제들을 찾아내고, 이를 사람들에게 알려. 어려운 상황에 놓인 사람들을 직접 돕거나 문제를 해결하기도 하지. 또 사회 문제를 정치인이나 정부에 알려서 그들이 해결하도록 만들기도 해."

"그런 일들은 유엔에서 하는 거 아닌가요?"

지유이가 물었다.

"맞아, 유엔에도 이런 문제를 해결하는 기관이 있어. 유니세프랑 유네스코, 세계보건기구가 그렇지."

아이스크림을 먹던 민호가 불쑥 말하더니 살짝 얼굴을 붉혔다.

"오, 민호, 똑똑하네!"

"아니, 난, 그냥 책에서 봤어."

역시 민호는 책을 많이 읽어서 아는 게 많다.

"민호가 말한 대로 유엔에도 세계의 문제를 해결하기 위한 기관이 있어. 하지만 이들은 각 나라 정부가 참여한다는 점에서 시민 단체와 조금 다르단다."

선생님은 국경없는의사회, 그린피스, 세이브더칠드런, 해비타트 같은 시민 단체들에 대해 알려 주었다.

"내는 아기 털모자를 10개 만들어서 세이브더칠드런에 보낼 거다!"

"내는 그린피스에 가입해서 고래랑 북극곰을 보호할 거다!"

서희와 상철이가 차례로 선언했다.

"나는 의사가 될 거니까, 국경없는의사회에 들어가서 아픈 사람을 도와야지. 미미 너는 어떤 시민 단체에 들어갈 거야?"

지운이가 물었다.

"어? 그, 글쎄. 아직은 모르겠어. 하지만 나도 다른 사람을 돕고 싶기는 해, 진짜야!"

"꼭 시민 단체에 가입하지 않더라도 사람들을 돕는 방법은 아주 많단다. 학용품이나 물건, 용돈을 모아서 시민 단체에 기부하는 것은 어떠니? 동식물을 보호하고 물을 아껴 쓰는 것은 환경 단체처럼 환경을 보호하는 일이고. 우리 생활 속에서 할 수 있는 작고 쉬운 일부터 하나씩 실천해 보렴."

나도 모든 사람들이 깨끗한 환경에서 건강하고 행복하게 살기를 바란다. 그러기 위해 난 뭘 할 수 있을까? 아니, 당장 뭘 할까? 지금부터라도 선생님 말씀처럼 작고 쉬운 일부터 하나씩 시작해야겠다.

미미네 점방 사전

☑ 국제기구와 시민 단체

지구촌에는 전쟁·질병·가난·차별·환경 오염 등으로 고통을 당하는 사람이 많아요. 이들을 돕기 위해 나선 대표적 단체가 국제 연합, 즉 유엔이에요. 유엔은 평화를 지키고 전쟁을 막는 일을 하지요. 유엔과 같은 국제기구는 세계의 정부들이 참여해 만든답니다.

이와 달리 시민 단체는 사회 문제를 해결하기 위해 시민들이 자발적으로 만든 모임이에요. 정부가 참여하지 않는다는 뜻에서 비정부 기구(NGO: Non-Governmental Organization)라고 부르지요.

☑ 다양한 시민 단체

다양한 사회 문제만큼이나 이를 해결하려는 시민 단체의 종류 역시 다양해요. 국제앰네스티는 고문과 사형 제도에 반대하고 인권 보호를 위해 힘쓰는 단체예요. 집이 없는 사람들을 위해 직접 집을 지어 주는 해비타트라는 단체도 있지요.

국경없는의사회는 전쟁터와 같이 응급 의료 지원이 필요한 곳에서 아픈 사람을 도와요. 지구 환경을 지키고 동식물을 보호하는 그린피스도 있지요. 세이브더칠드런은 가난한 아이들을 돕는데, 아프리카와 아시아에서 태어나는 신생아들에게 털모자를 보내는 활동도 해요.

국제적인 시민 단체뿐 아니라 각 나라에서 활동하는 시민 단체도 있어요. 우리나라에도 인권, 환경 등을 위해 여러 시민 단체가 활동하고 있답니다.

 **19화** *시장*

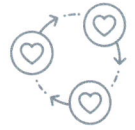

사두리 시장으로
놀러 오세요!

여름도 이제 다 갔다. 아침저녁으로 제법 선선한 바람이 분다. 나는 평상에 올라가 할머니 다리를 베고 누웠다.

"할머니, 저기 달 좀 봐."

"하이고, 밝기도 하다. 곧 추석이라꼬 저래 둥글어지나."

달을 바라보는 할머니 얼굴에 슬며시 미소가 번졌다.

"할매가 젊었을 때는 추석이 가까워지믄 가심이 두근두근했다."

"왜?"

"달을 보믄 생각나는 사람이 있어서 그랬제."

"누구? 할머니 첫사랑?"

나는 벌떡 일어나 앉았다. 할머니는 쪼글쪼글한 입을 가리며 홍홍 웃었다.

"추석 같은 명절이 되면 아주 큰 장이 서서, 전국 팔도에서 몰려든 장사꾼들로 시끌벅적한 기라. 그중에 바다 건너온 화장품이며 도시에서 유행하는 옷을 갖고 오는 사람도 있었다 아이가. 꼭 저 달맨치로 인물이 훤했다."

"그래서? 그 사람하고 데이트도 했어?"

나는 할머니에게 바싹 다가앉으며 작은 소리로 물었다. 혹시라도 점방 안에 있는 할아버지가 들으면 안 되니까 말이다.

"데이트는 무신. 사지도 못하는 화장품이며 치마만 만지작거리다가 왔제."

손사래를 치며 볼이 발그레해진 할머니가 귀엽다는 생각이 들었다. 다시 할머니 무릎을 베고 누우며 달을 쳐다봤다. 나도 달을 보면 생각나는 사람이 있다. 달 속에서 그 사람이 환하게 웃는 것 같다.

다음 날, 아침밥을 먹는데 이장님 목소리가 들려왔다. 마을 회관에서 방송을 하는 거였다.

"아, 아, 잘 들리십니꺼? 다름이 아니고예, 방송국에서 사두리에 취재를 하러 온다꼬 합니다. 〈생생 아침 마당〉이라는 프로그램, 다들 아시지예? 추석맞이 장터를 소개하는데 우리 사두리 오일장이 뽑혔답니더. 오늘 저녁에 마을 회관에 오셔서 좋은 의견 내 주시기 바랍니더. 이상입니더."

와, 사두리 오일장이 정말 유명해지긴 했나 보다. 장이 열릴 때마다 사람이 점점 많아지긴 했지만 방송국에서 취재까지 올 정도라니!

"하이고, 이게 무신 일이고? 텔레비전에 다 나와 보겠네."

할머니가 누룽지를 뜨며 흥분한 목소리로 말했다. 나도 신이 났다.

학교에서도 하루 종일 화젯거리는 방송이었다. 서희는 거울을 들여다보며 심각한 얼굴로 물었다.

"다이어트 쫌 하까? 텔레비전에는 더 뚱뚱하게 나온다 카든데."

"아서라, 다이어트 며칠 한다꼬 송혜교가 될 끼가, 전지현이 될 끼가? 고마 생긴 대로 살아라."

상철이가 또 서희를 놀렸다. 서희는 주먹을 쥐고 상철이 등을 탁 내리쳤다. 상철이가 바닥에 쓰러지며 아파 죽겠다는 시늉을 했다.

그날 저녁, 마을 회관에 모인 사람들은 추석맞이 장터를 어떻게 운영하면 좋을지 의논했다.

"우리 사두리만의 특징을 보여 줘야 하지 않겠습니꺼?"

"그게 젤로 중요하지예. 그리고 이번에는 옆 마을과 함께 장터를 열어 보면 어떻겠습니꺼? 우리 장터에는 과일 같은 건 없으니까예."

이장님이 고개를 끄덕였다.

"저도 찬성입니더. 아이들이 체험 학습을 갔던 해화리에서도 연락이 왔어예. 해화리 수산물을 사두리 장터에서 팔고 싶다고 하네예."

우리는 서희를 향해 눈짓을 했다. 서희는 어른들 말이 끝나기를 기다렸다가 손을 번쩍 들었다.

"저희도 의견이 있습니더. 그날 저희가 송편 만들기 체험을 진행하면 어떨까예? 사두리의 꿀 송편을 알리고 싶은데예."

어른들은 모두 좋은 생각이라며 찬성해 주었다.

"사두리 꿀 송편은 둘이 먹다가 하나가 죽어도 모를 맛이제. 근데 느그가 할 수 있겠나?"

"네! 걱정 마세요!"

우리는 우렁찬 목소리로 대답했고, 회의는 밤늦도록 이어졌다.

사두리 전통 시장이 열리는 날, 할머니는 이른 아침부터 곱게 분을 발랐다.

"미미야, 어떻노?"

"혹시 첫사랑이 방송 보고 찾아올까 봐? 할아버지한테 일러야지."

할머니는 나를 보며 꿀밤을 주는 시늉을 했다.

장터는 시끌벅적했다. '정과 흥이 넘치는 사두리 오일장'이라고 쓰인 커다란 플래카드가 휘날리고, 노래마당과 춤마당이 벌어질 무대도 준비됐다.

어른들은 사두리에서 기른 곡식과 채소와 산나물을 보기 좋게 늘어놓았다. 햅쌀, 말린 고추, 햇땅콩, 도라지, 곰취, 고사리 등 신선한 농산물이 가득했다. 옆 마을의 과일 농장에서도 햇과일을 가져왔다. 해화리에서도 차례상에 올릴 싱싱한 생선을 가지고 왔다. 추석맞이 사두리 장터에는 없는 것이 없었다.

"여기 고사리 좀 보이소. 중국산 고사리하고는 비교가 안 되지예?"

"차례상에 문어가 빠지면 섭섭하지요. 싱싱한 참조기도 보세요."

점심때쯤 되자 장을 보러 온 사람들이 점점 더 많아졌다. 덩달아 할머니가 만든 도토리묵도 불티나게 팔렸다. 할머니는 방송국 기자의 입에 커다란 도토리묵을 쑥 넣어 주며 자랑을 늘어놓았다.

"기자 양반, 잘 찍어 주이소. 이 도토리묵은 진짜그든. 내가 직접 도토리를 주워 가지고, 일일이 까고 말려서 만든 기라."

기자는 터질 것 같은 볼을 우물거리며 엄지손가락을 치켜들었다.

우리가 맡은 꿀 송편 체험관도 인기가 많았다. 상철이와 지운이는 아이들에게 떡메◆치는 방법을 가르쳐 주었다. 안나와 서희는 송편 만드는 방법을 가르치는 것이 제법 선생님 태가 났다.

"반죽을 밤톨만큼 떼어서 둥글게 빚고, 엄지손가락으로 이렇게 돌려 가며 편 다음에 소를 넣으면 됩니다."

아이들이 송편을 만들어 오면 민호와 나는 송편을 쪘다. 솔잎을 깐 다음 송편을 올리고 쪄 내면 쫀득한 떡과 달콤한 소가 어우러진 꿀 송편 완성!

"요즘 집에서 송편 만들기가 어려운데, 장터에 와서 좋은 경험을 하고 가네요."

아이들과 부모님들이 기뻐하는 모습을 보니 기운이 절로 났다.

한쪽에서는 윷놀이판이 펼쳐지고 춤과 노래 마당도 열렸다. 상철이

◆ **떡메** 떡을 만들기 위해 찐 쌀을 치는 데 쓰는 큰 방망이

는 떡메 치기를 하다 말고 춤마당을 기웃거렸다.

"아, 내가 나가야 하는데 말이다. 1등 상품이 쌀 한 가마니던데."

상철이가 떡메를 든 채 다리를 떠는 모습을 보고 모두가 웃었다.

해가 기울 무렵이 되자 방송국 차도 떠나고 물건을 구경하는 사람들도 거의 보이지 않았다. 물건들도 모두 팔렸다.

그날 저녁, 점방 평상에서 작은 잔치가 열렸다.

"항상 이번 추석만큼 풍성하면 소원이 없겠네."

누군가의 말에 모두들 고개를 끄덕였다.

밝은 달빛이 평상 위를 환하게 비추었다. 나는 서희의 팔짱을 끼며 물었다.

"서희야, 넌 달을 보면 생각나는 사람 없어?"

"있제. 하지만 비밀이다. 니는 누가 생각나는데?"

"나도 비밀. 니가 먼저 말해 주면 나도 말해 주고."

서희는 '칫' 하며 삐진 척을 했다. 나는 팔꿈치로 서희의 옆구리를 슬쩍 치고는 달을 올려다보며 속으로 말했다.

'서희야, 난 달을 보면 엄마 아빠가 생각나. 엄마 아빠, 이번 추석은 같이 보내 줄 거지?'

✅ 시장의 종류

시장에 가면 우리가 생활하는 데 필요한 여러 가지 물건을 쉽게 구할 수 있어요. 시장은 열리는 기간에 따라 크게 정기 시장과 상설 시장으로 나눌 수 있지요.

정기 시장은 기간을 두고 정기적으로 열리고, 상인들은 장이 열리는 곳을 찾아다니며 상품을 팔아요. 농촌·어촌·산촌과 같은 촌락에서 주로 열리지요. 이와 달리 상설 시장은 백화점·슈퍼마켓·대형 마트처럼 항상 열려 있으며, 도시에서 쉽게 볼 수 있어요.

정기 시장

상설 시장

✅ 전통이 살아 있는 지방의 오일장

오일장은 닷새에 한 번씩 열리는 장이에요. 우리의 전통적인 정기 시장이지만 지금은 점점 줄어드는 추세이지요. 오일장에 가면 그 지역만의 특색을 느낄 수 있답니다. 강원도 평창에서 열리는 봉평장은 400년의 역사를 지닌 장터예요. 충청북도 단양장은 마늘로 유명하지요. 경기도 안성장은 전통 유기◆와 공예품으로 유명해요. 경상남도 하동의 화개장은 한때 5대 시장으로 꼽힐 정도로 큰 시장이었답니다. 지금은 관광 명소가 되어 많은 관광객들이 방문하고 있어요.

화개장

◆ 유기 놋그릇

20화 도시 문제

우리 함께 삽시다!

"야, 너 어디 갔다 왔어? 말도 없이 사라지면 어떡해? 내가 얼마나 찾았다고."

서희를 보자마자 맨발로 달려 나갔다. 서희는 지난 3일 동안 마을에서 사라졌었다.

"니, 내 걱정했나? 내가 뭐 아가? 뭔 걱정을 하노?"

나는 계속 삐진 척을 하며 서희를 노려봤다.

"가시나야. 뭘 또 째려보기까지 하노. 내가 그리 보고 싶었나?"

서희가 슬며시 웃으며 점방 앞 평상에 앉았다.

"너, 무슨 일이야? 왜 갑자기 사라졌던 거야?"

나는 서희의 팔짱을 끼며 바짝 다가앉았다.

"내 서울 갔다 왔다 아이가, 아빠한테. 추석 때 느그 부모님은 왔는데

울 아빠는 안 왔잖아."

서희가 어색하게 웃었다. 서희 표정이 어두운 게 마음에 걸렸다.

"와, 서울은 진짜 억수 크고 사람 많데. 미미 니는 어떻게 서울서 살았노. 내는 서울서는 못 살겠더라."

서희가 고개를 크게 저어 가며 과장해서 말했다.

"왜? 무슨 일 있었어?"

"먼 일은. 놀이공원도 가고, 극장에서 애니메이션도 보고, 멕시코 음식도 먹었지."

"우아, 엄청 재밌었겠네."

나는 추임새를 넣으며 서희의 다음 말을 기다렸다.

"그럼. 몇 년 전에 갔을 때는 놀이기구를 세 개밖에 못 탔는데, 이번엔 거의 다 탔다 아이가. 아빠가 기념품도 사 주고. 저녁에는 예쁜 옷 입은 언니야들이 춤을 추면서 퍼레이드도 하고……."

서희가 은근히 자랑을 했다.

"그런데 놀이공원에서 집으로 돌아오는 데 2시간이나 걸렸다. 차가 얼마나 많은지 달릴 수가 있어야지. 길이 아니라 주차장이다, 주차장."

"음, 서울엔 사람이 많이 사니까 차도 많고, 길도 자주 막혀."

"그게 다가 아이다. 그다음 날에 극장에 가는데, 이번엔 지하철을 타고 갔거든. 전날에 자동차를 타고 나갔다가 너무 고생을 했잖아."

"지하철 엄청 빠르지? 진짜 편하지? 여름엔 에어컨 빵빵하게 나오고 겨울엔 엄청 따듯해."

나는 신이 나서 말했다. 나의 행복했던 서울 생활이 떠올랐다.

"무슨! 지하철 탈라꼬 승강장에 줄 섰는데, 문이 열리니까 사람들이 밀치고 난리였다. 내가 넘어졌다니까. 내가 한힘 하는 거 너도 알제?"

"풋, 그렇지. 서희 네가 힘이 세지, 엄청 세지."

"가스나, 지금 그기 중요한 게 아이다. 줄 선 사람을 밀치고, 어린이 앞에서 새치기를 하는 기 어딨노?"

서희는 다시 생각해도 분한지 얼굴이 일그러졌다.

"미세 먼지도 너무 심해서 아빠 집 뒤에 있는 북한산도 안 뵈더라. 목도 따끔따끔하고 눈도 따갑꼬."

"역시 도시는 편리한 점도 많지만 문제점도 많은 것 같아."

"맞다, 무엇보다 사람들이 인정머리가 없다."

서희는 다시 고개를 흔들었다.

"서희 왔나? 니 없어졌다고 미미가 뒷산까지 찾아다니고 난리도 아니었다. 할배랑 어디 갔드나?"

할머니가 점방에서 나오며 서희에게 물었다.

"네. 서울에 아빠 보러 갔다 왔어예."

"아이고, 그랬나? 느그 아빠는 우째 지내노?"

"아빠는…… 아빠는 잘 지내지예."

서희가 한참 뜸을 들이다 겨우 대답했다.

"잘 지내긴, 우째 잘 지낼 기고. 자식새끼 떼 놓고 나가 혼자 사는데……. 쯧쯧."

할머니가 안타까워하며 혀를 찼다.

할머니 말에 나까지 우울해졌다. 우리 부모님도 나를 사두리에 떼어 놓고 갔으니까. 할머니는 우리 마음을 눈치챘는지 평상에 와 앉으며 우리 손을 잡았다.

"내가 배운 것은 없어도 이건 확실히 안다. 도시라 더 좋고, 촌이라 더 나쁜 것도 없다. 어디를 가나 사람 사는 건 다 비슷하고, 이런저런 좋은 일도 작은 문제도 생기는 기라."

"할머니 말이 맞아. 사회 시간에 선생님도 그랬어. 사람은 생긴 것도 생각도 다 다르잖아? 또 나한테 이익이 되는 일이 다른 사람에게 피해를 줄 수도 있고. 그래서 다양한 문제들이 생기는 거야. 앗, 뜬금없는 말을 해서 미안!"

내가 알고 있는 지식을 슬쩍 자랑하다가 분위기에 눌려 얼른 입을 닫았다. 내가 왜 이럴까? 잘난 척 대마왕 김지운에게 옮았나?!

"울 아빠는 서울이 좋은가 본데, 내는 서울에선 못 살겠다. 서울엔 건물도 멋있고, 예쁜 것도 많고, 예쁜 언니야랑 잘생긴 오빠야들도 많지만, 그냥 사두리에 사는 게 좋다."

"맞다. 어디서 사는 게 중요한 게 아이라, 가족이랑 친구랑 사이좋게 지내는 곳이 젤 좋은 곳이다."

"지 말이 그 말 아입니꺼. 울 아빠는 왜 서울에 사는지 모르겠어예."
"느그 아빠는 뭐, 사정이 있지 않겠나? 서희 니가 이해해 줘라."
할머니가 서희의 머리를 쓰다듬었다.
"맞아. 다 사정이 있을 거야."
'우리 부모님도 사정이 있어서 어쩔 수 없이 나랑 따로 사는 거야.'
나는 서희를 위로하며, 동시에 나 자신도 위로했다. 서희의 마음이 내 마음과 똑같으니까.
서희와 나는 할머니가 만들어 준 만둣국을 먹고 서희네 집까지 걸어갔다.
"미미야, 니랑 내는 부모님이랑 같이 못 사니까 우리끼리 더 친하게 지내자. 자매처럼 서로 잘 챙겨 주면서 살자, 영원히. 내는 이제 아빠는 필요 없다."
"그래. 우리 우정은 영원히 변하지 않을 거야. 약속!"

나는 서희에게 새끼손가락을 내밀었다. 오랜만에 서희가 웃으면서 새끼손가락을 걸었다.

"하지만 서희야, 부모님은 세상에서 가장 소중한 분이야. '아빠는 필요 없다' 같은 말은 하지 마."

서희가 고개를 푹 숙이더니 한참 만에 빨개진 눈으로 나를 봤다.

"있잖아, 미미야. 서울에 갔을 때 아빠랑 놀이공원 갔다고 했잖아."

"응. 엄청 재밌었다면서."

"으응. 그런데 집에 오는 길에 차가 막히니까, 아빠가 막 욕을 하더라. 겨우 집에 돌아왔는데, 이번엔 아빠 집 앞에 다른 차가 떡하니 세워져 있더라고. 내, 내는 아빠가 그러는 건 처음 봤다. 그 차 주인한테 전화해서 막, 욕을 하고……. 너무 무서웠다."

서희가 입술을 일그러뜨리며 울기 시작했다. 늘 씩씩하고 명랑한 서희가 울다니 마음이 너무 아팠다. 나는 얼른 서희를 안아 줬다.

서희가 겨우 울음을 그치자 우린 손을 잡고 말없이 다시 걸었다.

"어!"

서희가 멈칫하더니 뒷걸음을 쳤다. 서희 집 앞에 자동차가 한 대 서 있었다.

"아빠 차다. 아까 서울로 돌아간다고 했는데, 왜 아직 안 갔지?"

나는 망설이는 서희 손을 이끌고 들어갔다. 마당에서 하늘을 보며 서 있던 서희 아빠가 우리를 돌아봤다.

"서희야, 아빠, 결심했다. 아빠, 사두리에서 너랑 할아버지랑 같이 살기다."

아저씨가 웃으며 서희를 향해 팔을 벌렸다. 서희는 꽉 잡고 있던 내 손을 놓고는 아빠에게 달려가 안겼다. 서희 얼굴이 달처럼 환했다.

나는 서희의 웃음소리를 뒤로하고 슬며시 밖으로 나왔다. 언젠간 나도 아빠에게 매달려 환한 달님처럼 웃을 수 있겠지?

미미네 점방 사전

☑ 도시 문제

도시에는 관공서·학교·병원·회사·공장·편의 시설 등이 잘 갖춰져 있어서 생활이 편리해요. 그래서 많은 사람이 도시에 모여 살지요. 하지만 이렇게 사람이 많다 보니 여러 문제가 발생한답니다.

우선 집이 부족하니 주택 문제가 생기겠지요? 자동차와 공장에서 나오는 공해 물질로 환경 문제도 심각해요. 또 도로엔 차가 막히고, 차를 주차할 곳도 부족하지요. 이렇게 도시에서 발생하는 여러 문제를 통틀어 도시 문제라고 해요.

정부에서는 도시 문제를 해결하기 위해 새로운 도시를 만들어 인구를 분산시키고, 집이 없는 사람들을 위해 임대 아파트를 건설해요. 시민들은 자동차 대신 대중교통을 이용하거나, 공해를 배출하지 않는 자전거를 타고 다니지요. 또 재활용을 철저히 해서 쓰레기를 줄이려고 노력하고 있어요.

☑ 공동체 문화와 도시 문제

한 지역에 다양한 사람이 모여 살다 보면 여러 문제가 생겨요. 한 건물에 사는 이웃들이 층간 소음이나 주차 문제로 다투기도 하지요. 남의 집 앞에 몰래 쓰레기를 버리는 사람도 있고요. 낡은 지역을 새로 재건축하는 것, 쓰레기 매립장이나 소각장을 건설하는 문제 등을 둘러싸고 지역 주민 간에 갈등이 생기기도 해요.

예전에는 사람들이 같은 지역에서 태어나 오랫동안 함께 생활하며 공동체 문화가 발달했어요. 하지만 도시에서는 공동체 문화가 제대로 자리 잡지 못해, 여러 문제를 심화시키는 원인이 되기도 해요.

21화 인터넷

우리 커뮤니티에 놀러 오세요!

"사두리초등학교 커뮤니티를 만드는 게 어때? 학교가 문을 닫으면 우리가 이 학교에 다녔다는 기록이 사라지잖아."

"와, 김지운! 니가 지금까지 했던 말 중에 제일 굿이다, 굿!"

서희가 엄지를 척 세웠다. 다른 아이들도 지운이의 제안에 찬성했다.

사두리초등학교는 올해를 마지막으로 문을 닫는다. 큰길 건너 아파트 단지에 새 초등학교가 생겼는데, 그곳과 합쳐진다고 했다. 우리가 이 학교의 마지막 졸업생인 것이다. 학교가 사라진다니 아쉬웠는데, 인터넷 커뮤니티를 만들면 아쉬움을 조금 덜 수 있을 것 같았다. 더구나 나는 내년에 부모님과 함께 살기 위해 사두리를 떠날 예정이다. 따라서 커뮤니티가 친구들과 손쉽게 연락할 공간이 될 것이다.

우리는 제일 먼저, '3·4커뮤니티 – 4두리초등학교를 4랑하는 4람들의 커뮤니티'라는 이름을 지었다. 지운이가 커뮤니티를 만들고, 안나는 예쁘게 꾸몄다. 다른 친구들은 그동안 학교에서 있었던 일을 글로 쓰고 사진도 올렸다. 그러다 보니 그동안의 추억들이 하나둘 떠올랐다.

선생님은 학교 홈페이지에 3·4커뮤니티의 링크를 걸었다. 마을 이장님도 마을 회관 게시판에 커뮤니티를 소개하는 글을 붙였다. 그래서인지 커뮤니티를 만든 지 3주쯤 지나자 회원 수가 40여 명이나 되었다. 선배 졸업생들도, 마을 어른들도 커뮤니티에 가입했다.

"봐라. 내가 쓴 글을 11명이나 읽었다. 댓글도 2개나 달렸고."

상철이가 자랑했다.

"치, 내가 쓴 글은 29명이나 읽고 댓글도 6개나 달렸거든."

지운이도 잘난 척이다.

우리는 쉬는 시간마다 지운이 스마트폰으로 3·4커뮤니티에 들어가서 반응을 살폈다. 우리가 쓴 글을 다른 사람들이 읽고, 또 댓글이 달리면 신이 났다. 그래서 열심히 예쁜 사진을 찾아 올리고, 글도 더 재미있게 쓰려고 노력했다.

그런데 오늘 점심시간에 3·4커뮤니티 때문에 싸움이 벌어졌다.

"상철이 니, 안나한테 사과해라."

"내가 왜?"

서희 말에 상철이가 버럭 소리를 질렀다. 그러자 안나가 책상에 엎드려 울음을 터뜨렸다.

"왜? 무슨 일이야?"

"모른다. 괜히 내한테 난리다."

상철이가 매서운 눈길로 안나를 노려보았다.

"네가 내 글에 악플 달았잖아!"

눈물범벅이 된 안나가 상철이에게 소리를 질렀다.

"니가 먼저 내를 무시하니까 그렇지!"

"내가 언제!"

안나가 소리를 질렀다.

"지금 니 거짓말까지 하나? 여 커뮤니티에 증거가 딱 나와 있다!"

상철이도 얼굴이 붉어져서는 고래고래 소리를 질렀다. 동시에 교실

문이 열리며 담임 선생님이 들어왔다.

"상철이랑 안나, 두 사람 다 앞으로 나와라."

선생님이 화가 아주 많이 났을 때 나는 목소리였다.

"무슨 일이야? 상철이가 말해 봐. 안나는 그만 울고."

상철이 말에 따르면 어제 안나가 3·4커뮤니티의 '우리들의 이야기'에 올린 글이 시작이었다. '며칠 있으면 겨울 방학이 시작되고, 방학이 지나면 학교를 졸업한다. 반 친구들이 서로 다른 중학교로 뿔뿔이 흩어지게 되는 것이 마음 아프다. 특히 지운이는 겨울 방학 동안 미국에 사는 이모 댁에 간다고 해서 더 서운하다'고 적었단다.

"안나가 아직도 지운이를 좋아하잖아."

서희가 내게 아주 작은 목소리로 말했다.

"안나가 그런 글을 쓴 거랑 싸운 거랑 무슨 상관인데?"

선생님 질문에 상철이가 곧장 대답했다. 상철이는 안나의 글을 보고, 자기가 '뭐 그런 일로 서운해하냐? 어차피 쪼그만 마을에서 같이 사는데……'라고 댓글을 달았단다. 그런데 안나가 그 댓글에 '내가 서운해하든 말든 네가 무슨 상관이야?'라고 댓글을 달았다는 거다.

"지 생각해서 댓글을 달아 줬더니, 상관 말라고 무시하잖아예. 화가 나서 그만……."

"화가 나서 뭐라고 했는데?"

선생님이 상철이에게 물었다. 상철이는 고개를 푹 숙인 채 아무 말도 하지 않았다.

"상철이가 '헐! 아직도 지운이 좋아하냐? 노답! 극혐!'이라고 썼어요."

안나가 다시 울먹이며 말했다.

"상철이 쟤도 아직 안나를 좋아하잖아."

서희가 또다시 작은 목소리로 내게 말했다.

"그래, 알았다. 둘 다 자리로 돌아가라."

안나와 상철이는 서로 외면한 채 자기 자리에 앉았다.

"3·4커뮤니티를 만든다고 했을 때 선생님은 너희가 참 기특하다고 생각했다. 그만큼 우리 학교와 친구들을 좋아한다는 거니까. 그런데 커뮤니티를 만든 다음부터는 쉬는 시간마다 커뮤니티에 들어가고, 어떤 때는 수업 중에도 몰래 들어가는 걸 보고 걱정이 됐다."

선생님이 우리를 둘러보며 말했다.

"부모님들도 너희들이 커뮤니티에 너무 푹 빠져 있다고 걱정했어. 그런데 이제 친구끼리 싸우기까지 하는구나."

선생님은 깊게 한숨을 쉬었다. 우리는 창피해서 아무 말도 하지 못했다. 그동안 3·4커뮤니티 때문에 너무 들떠 있었던 것 같다.

"안나랑 상철이가 왜 싸우게 되었고 뭘 잘못했는지 함께 이야기를 나눠 보렴. 처음 3·4커뮤니티를 만든 이유를 생각하면 답이 나올 거야. 선생님은 다음 시간에 들어올게."

선생님이 교실 밖으로 나가자 지운이가 일어났다.

"내가 커뮤니티를 만들자고 해서 이렇게 됐어. 또 쉬는 시간이나 수업 시간에도 커뮤니티에 들어갔고. 다 내 잘못이야."

"아이다, 내 잘못이다. 내가 악플을 달았잖아. 미안타, 안나야."

상철이가 안나에게 사과했다.

"아냐. 내가 미안해. 내 댓글이 네 마음을 상하게 할 줄은 몰랐어. 너를 무시한 건 절대 아니야."

지운이에 이어 상철이, 안나까지 서로에게 사과했다.

"나는 3·4커뮤니티에 중독된 것 같아. 새로운 글도 없는데 새벽까지 커뮤니티에 들락거렸거든."

민호가 조용히 고백했다.

"인터넷이 문제다! 서로 얼굴을 보고 말을 하면 농담인지, 화를 내는 건지 다 알잖아. 그런데 인터넷에 쓴 글로는 알 수가 없더라고."

서희가 침을 튀겨 가며 말했다. 가끔 서희는 무척 지혜롭다.

"현명한 네티즌이 되는 게 중요해. 인터넷은 잘 사용하면 참 편리하고 유용한 도구지만, 잘못 사용하면 다른 사람에게 상처를 주니까."

서희의 단짝답게 나도 좀 똑똑한 말을 했다.

우리는 토론을 통해 3·4커뮤니티를 이용하는 방법을 정했다. 하루에 한 번씩만 커뮤니티에 들어가기, 악플 달지 않기, 바른 말 사용하기, 사두리초등학교를 졸업해도 계속 커뮤니티에 글쓰기 등이었다.

그나저나 이렇게 좋은 친구들과 헤어진다니, 슬프다! 중학생이 되면

난 서울로 이사를 가니까 친구들을 만나기 힘들 거다.

"미미야, 기운 내라! 우리에겐 3·4커뮤니티가 있잖아. 니가 이사를 가도 커뮤니티에다 소식을 전할 거 아이가. 내는 니가 부모님이랑 살게 돼서 기쁘다."

서희가 어떻게 알았는지 내 어깨에 팔을 두르며 위로했다.

"그래, 미미야. 이젠 커뮤니티에서 만나면 된다."

어느새 다른 친구들도 나를 둘러싸며 환하게 웃었다.

"그래. 중학생이 되어도 우리 추억은 영원히 잊지 말자, 약속!"

나는 친구들을 보며 환히 웃었다. 사두리 친구들이 있어서 참 행복하다!

☑ 인터넷 커뮤니티

같은 관심사를 가진 사람들이 인터넷에 모임을 만들 수 있어요. 같은 지역에 살거나 같은 학교에 다니는 사람들, 같은 취미를 가진 사람들이 인터넷 모임에서 대화하고 만나지요. 포털 사이트의 커뮤니티가 대표적인 예랍니다.

이러한 인터넷 모임은 같은 관심사를 가진 다양한 사람들이 서로 정보를 공유하고 의견을 나눌 수 있다는 장점이 있어요. 하지만 자신과 생각이 다른 사람들을 인정하지 않고 공격하는 경우도 있어서 문제가 되기도 해요.

☑ 네티켓

네트워크(통신망)를 이용하는 사람들을 네티즌(누리꾼)이라 불러요. 흔히 인터넷을 통해 전 세계 사람들과 의사소통을 하고 정보를 교환하는 사람들을 말하죠. 그리고 네티즌들이 지켜야 할 예절을 네티켓(Netiquette)이라고 해요.

최근 인터넷 공간에서 다른 사람의 글에 악의적인 댓글, 즉 악플을 달거나 비속어 혹은 줄임말을 사용하는 사람이 많아져 문제가 되고 있어요. 그리고 다른 사람의 개인 정보를 퍼뜨려 피해를 주는 사람도 늘고 있지요. 인터넷 공간에서는 사람들이 자기가 누구인지 모를 거라 생각하기 때문에 예의를 지키지 않는 거예요.

하지만 가정과 학교에서 부모 형제와 선생님, 친구들에게 예의를 지키듯이 인터넷에서도 예의를 지켜야 해요. 인터넷에서 만나는 모든 네티즌 역시 소중한 사람이니까요.